马拉松名将手记 2

每个人都有自己的决战

[日] 大迫杰 著
岳小冬 译

中信出版集团 | 北京

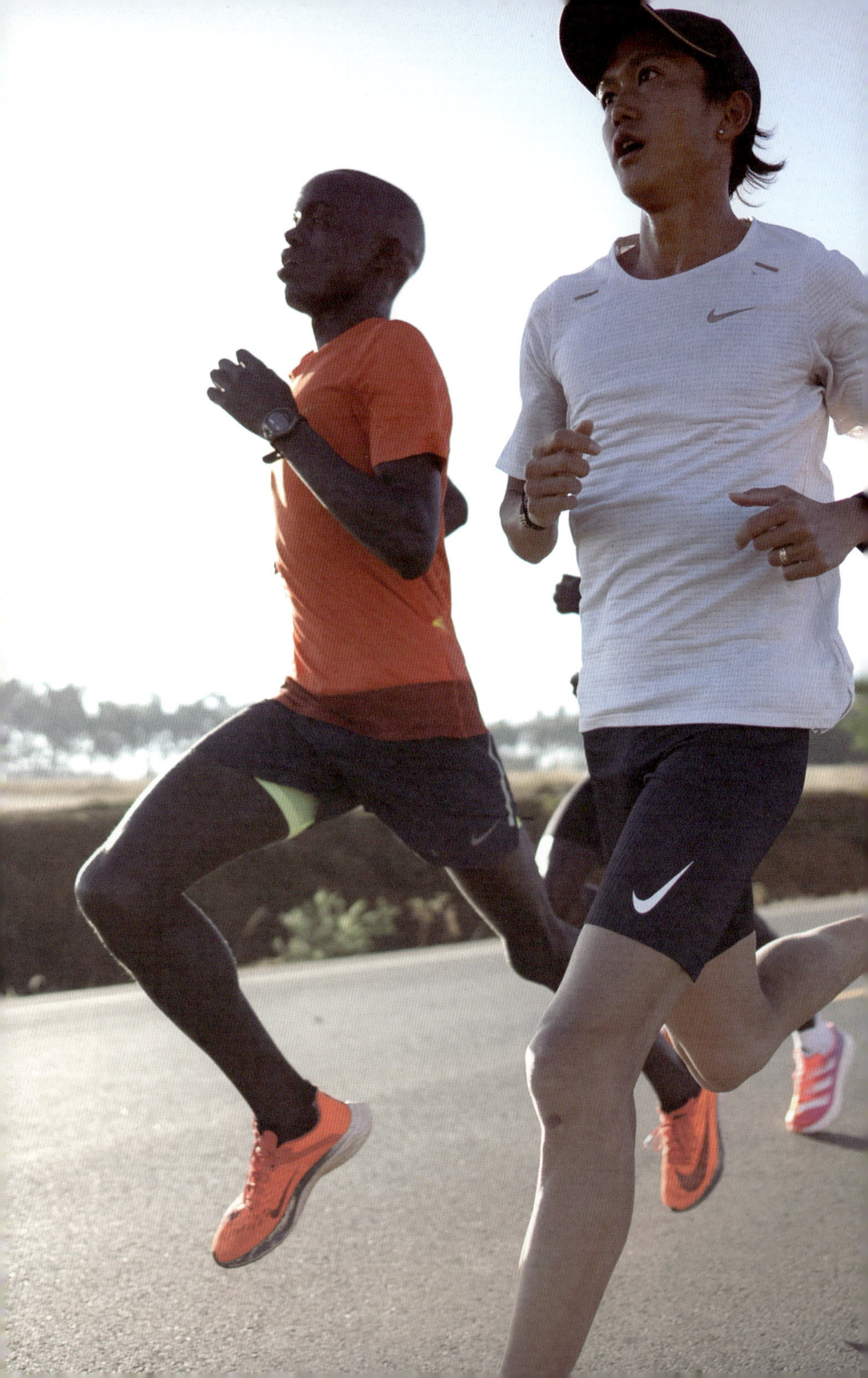

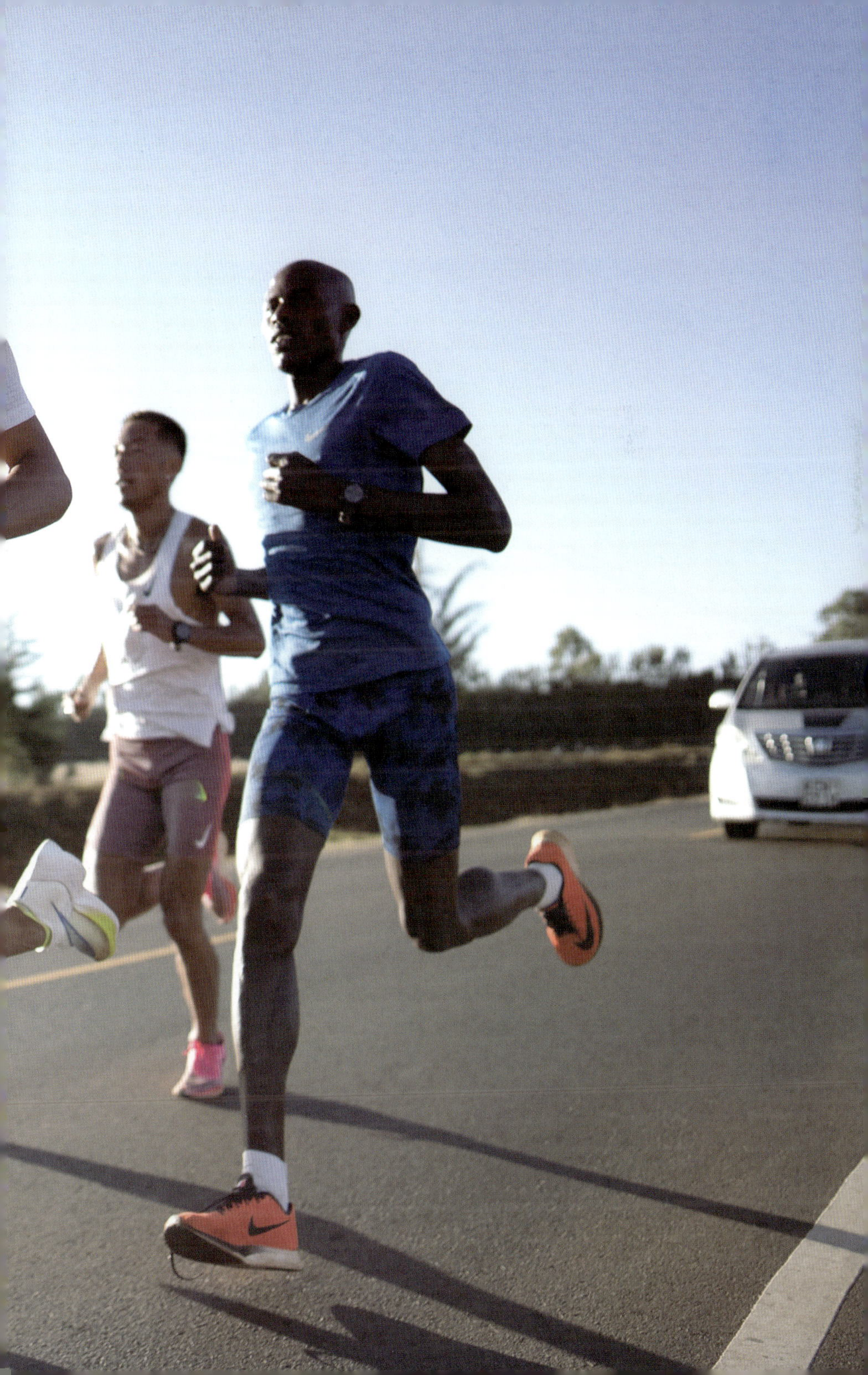

2021 年 2 月，在伊腾镇的田径场上训练

伊腾镇海拔约 2400 米，早晚很冷，中午阳光强烈时会很热

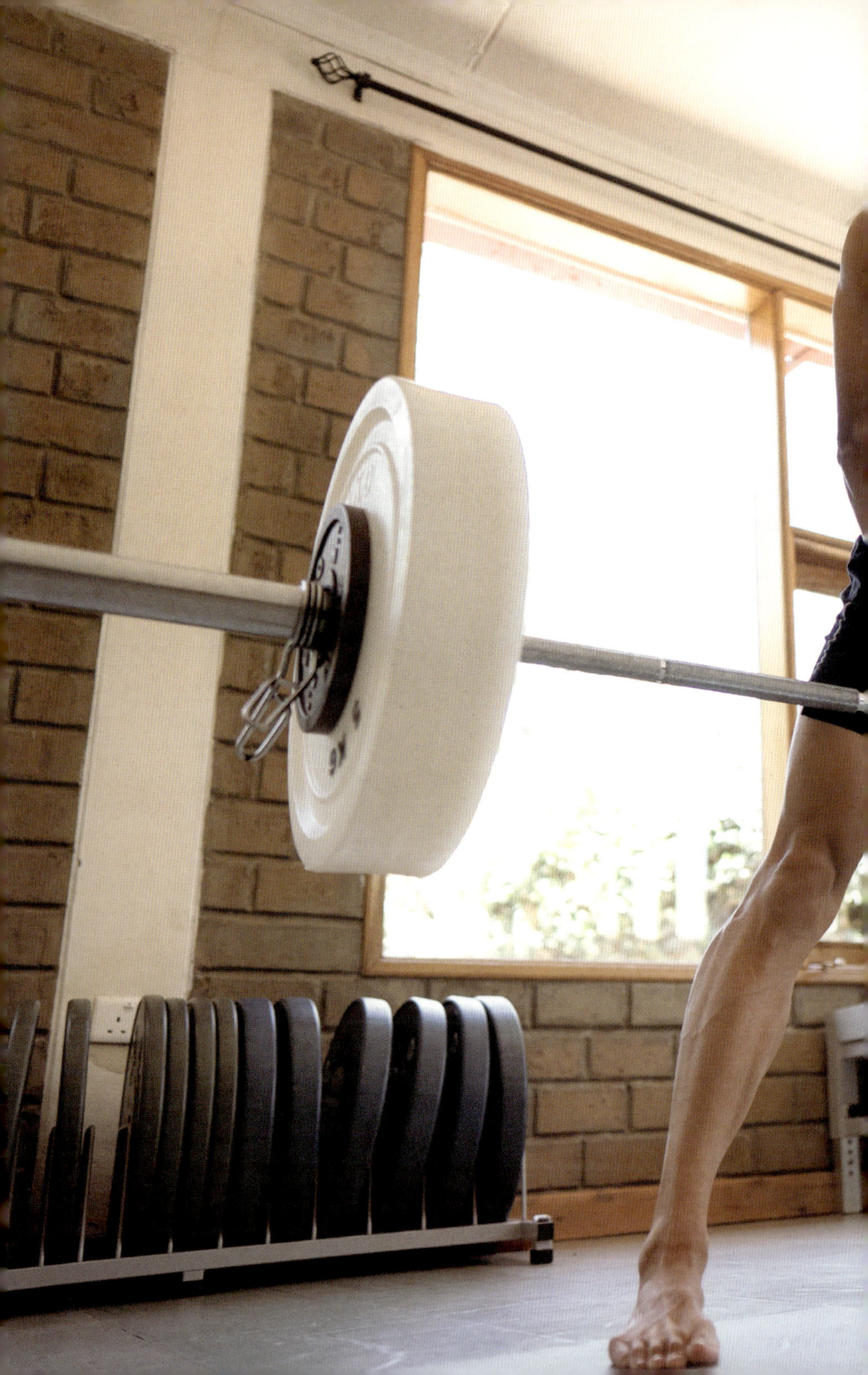

伊腾镇的训练营有完备的力量训练器械

在肯尼亚的日子

与川崎友辉（左一）等在肯尼亚一起训练的伙伴合影

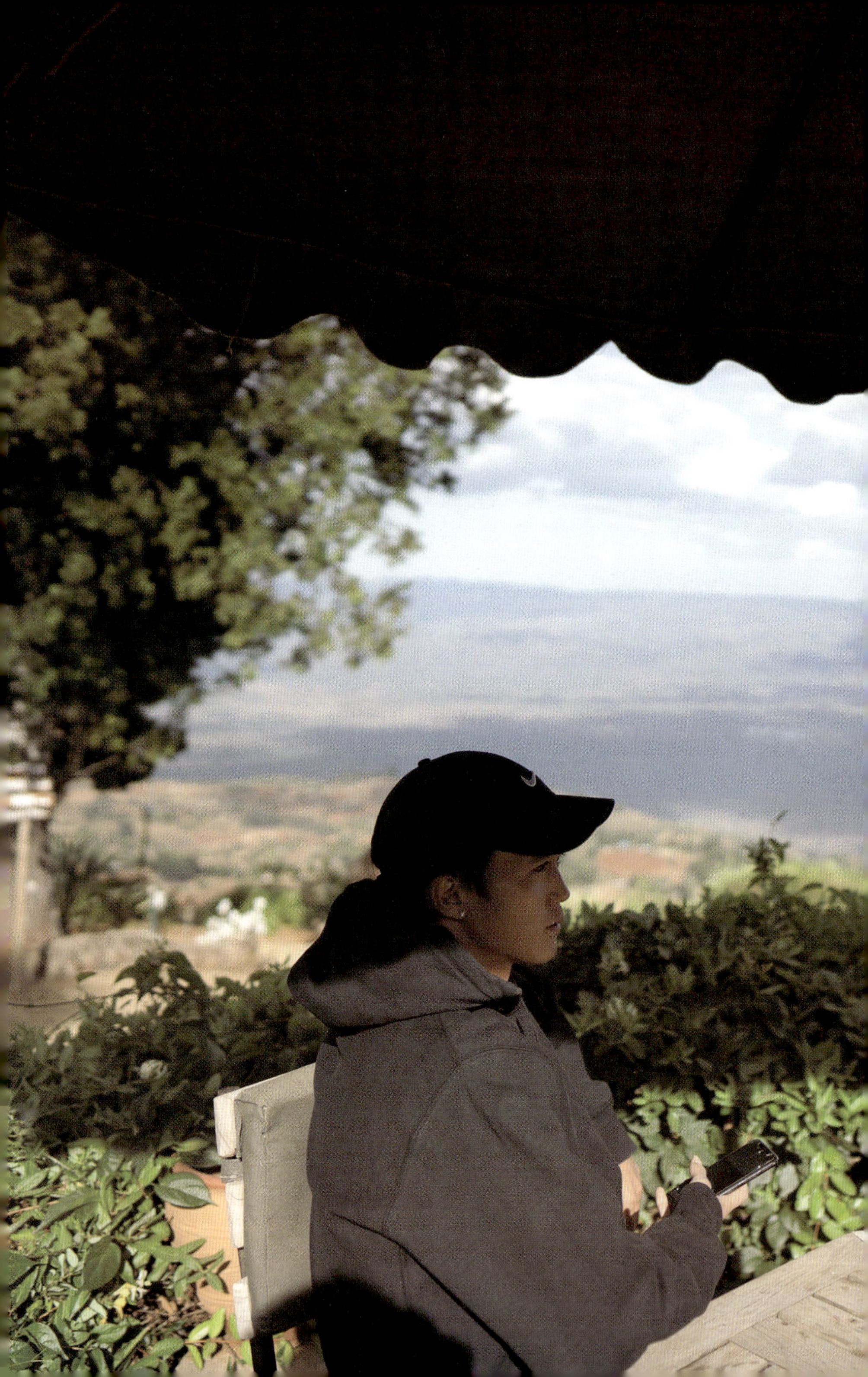

在伊腾镇一家风景秀丽的餐厅就餐前的时光

7/24(木)
　　am: 13mile　　pm: Nairobiへ、SE用不動産見学

日頃のトレーニングの中で大切にしているのは、生活の一部として合宿を行うこと。だからこそ3〜6ヶ月という長期間を強合宿期間に当てる。今回ナイロビに行ったのもリラックスするという意味もあった。日本食レストランにも今日行ったし、土曜日にも行く予定で楽しみ。🙂 到着後カガチに案内されてSE用の物件を見に余ったが良い家だった。だがなぜかぼったくられている感じがする。ケニアにも1ヶ月8週間に陸投外の活動も何かしつかたらにしたい。

7/25(木)
　　am: 11mile
日本大使館へご挨拶へ伺った。その後はリラックス。

7/26(金)　　　　　　　　　　　　　　　　　　　　　weekly 180mile

晚上一个人静静地写日志

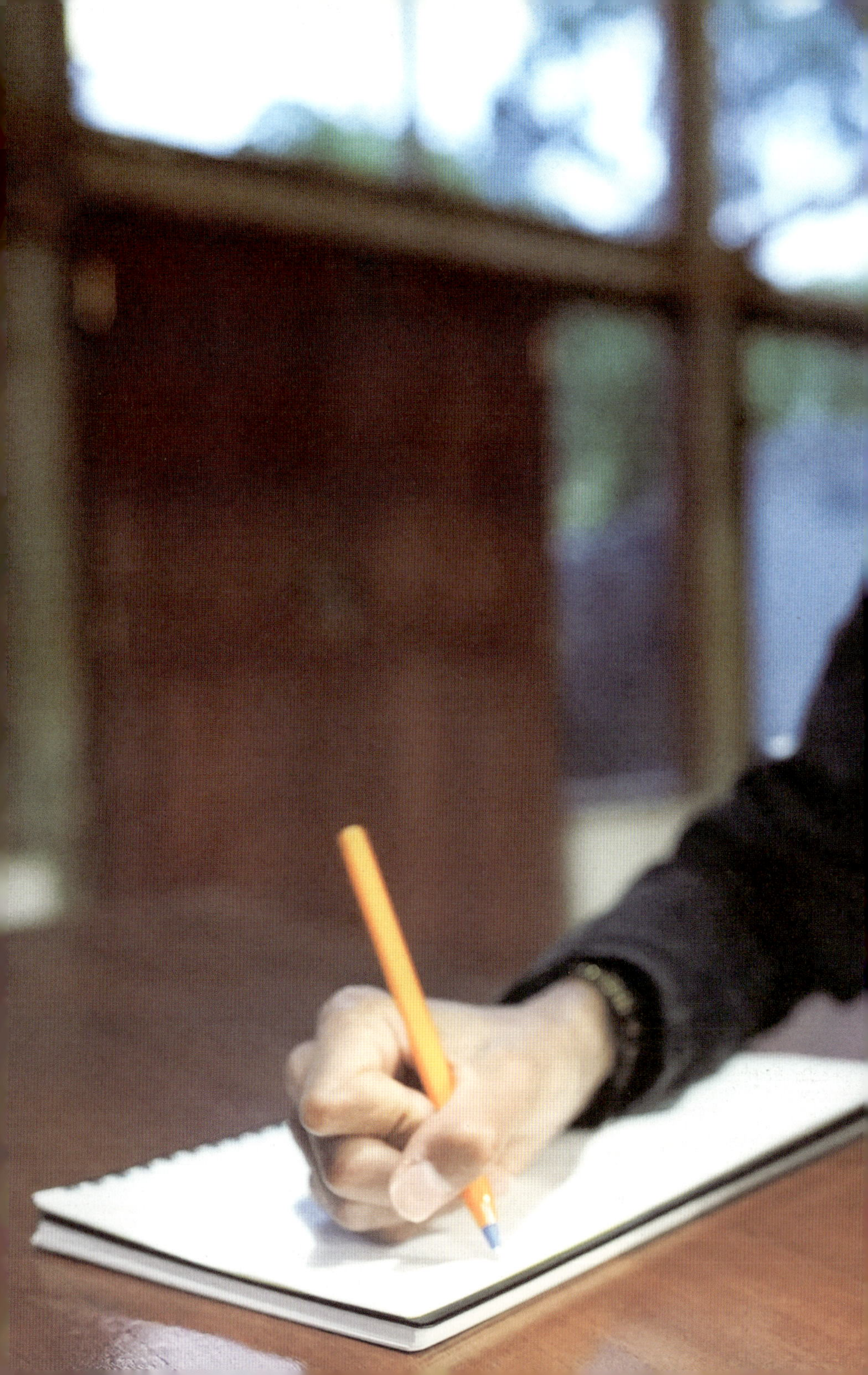

"记录自己的想法，意味着迈上一个新的台阶"

跑步训练中

我们能做的，
就是无论遇到什么情况都要相信自己，
不断前进。
因为奥运会结束之后，
属于我们的故事还会继续下去。

——大迫杰

目录

简体中文版序言 · *V*

序言 · *VIII*

两角速教练的话 · *002*

佐久长圣高中三年级时期训练日志节选 · *006*

肯尼亚伊腾镇训练日志 2021-2-9 至 2021-3-8 · *015*

我来肯尼亚的理由 · *041*

如何应对社交网络 · *046*

从失败和输掉的比赛中学到的事 · *049*

传承给下一代的东西 · *053*

肯尼亚伊腾镇训练日志 2021-3-9 至 2021-3-31 · *057*

俄勒冈州波特兰训练日志 2021-4-1 至 2021-4-19 · *073*

波特兰对我的意义 · *082*

关于低氧训练 · *088*

亚利桑那州弗拉格斯塔夫训练日志 2021-4-20 至 2021-5-18 · *096*

从大女儿身上学到的事 · *110*

波特兰和弗拉格斯塔夫训练日志 2021-5-19 至 2021-6-8 · *121*

关于力量训练 · *135*

在摇摆不定中前进 · *139*

东京奥运会对我的意义 · *141*

简体中文版序言

去年，我有幸借推广"杰精英儿童训练计划"（Sugar Elite Kids）的机会前往中国台湾和香港教孩子们跑步。在那里我惊喜地发现，有人已经读过我这本书的繁体中文版《决战前：大迫杰东奥训练纪事》。中国大陆我还没去过，但我注册了一个社交账号，希望有机会能在网上跟大家交流。

2021年东京奥运会比赛前，我曾通过社交平台发消息称，那将是我最后一次参赛。事实上，我很早就把参加奥运会当作自己马拉松生涯的终极目标，也一直觉得这将使我的运动人生达到巅峰。然而直到2021年6月，我才考虑将东京奥运会作为最后的比赛。可那之后，我又渐渐觉得不能半途而废，还是应该继续下去。

当时我不想再去考虑以后的事情了。之前备战东京奥运会确实给了我很大的压力，我也想要彻底和那种不知道要坚持到什么时候的心情告别。

我想，只有宣布退役，强制自己不要总想着找借口，觉得还有下次比赛，我才能全力以赴。

结果，获得了第 6 名。我自己觉得已经尽力。

再后来我一直忙于各种事务，几乎没有时间静下心来思考这件事。

2021 年 10 月，我回到俄勒冈州的家，开始在公园里和跑步机上跑步。有一次，我和家人一起在电视上观看芝加哥马拉松赛，看到我的前队友盖伦·拉普表现不错，取得了第 3 名的成绩。

因此，我想要再跑一次，事实上我丝毫没有犹豫，真正遵从了自己内心的想法。

于是，2022 年 2 月，我宣布重返赛场。

2023 年 3 月参加的东京马拉松赛中，我获得了 MGC[1] 的参赛资格，从夏天开始独自在美国进行了 3 个月的备赛训练。在那里，我再次意识到自己是真的热爱跑步。

过去我总觉得马拉松比赛很辛苦，在 10 月的 MGC 比赛中，我努力摆脱这种心理阴影，尝试享受比赛，结果却因为选择变多出现了很多意外情况。我只获得了第 3 名，而且还不确定能否参加巴黎奥运会。最后的参赛资格取决于当年东京马拉松赛的最好成绩。

---

1 Marathon Grand Championship，马拉松锦标赛，同时也是奥运会马拉松项目日本国家队代表选拔赛。——编者注

今年的东京马拉松赛举办时我在美国，并未参赛。而且比赛时美国时间是凌晨，我便没看比赛，也没去关注社交平台上的信息。

比赛结束后，我特地看了新闻，想着情况到底如何呢，才知道没人打破 2 小时 5 分 50 秒的设定目标。这下我松了一口气，心里特别高兴。

今后，我希望不再勉强自己，而是自然而然地提高斗志，迎接巴黎奥运会的到来。

人在不同时期的心情是完全不同的，关键是如何调整自己的心情，以适应不同的阶段。

中国目前跑步的人在逐年增加，听说每年参加马拉松比赛的人数已增加到 600 万人左右。我希望大家都能享受比赛的乐趣。但我还听说，有很多人不清楚赛前的饮食规则，也不了解身体管理的知识。所以我希望通过"杰精英"（Sugar Elite）项目来普及这些知识。

大迫杰
2024 年 6 月

| 序言

我写日志的理由

东京奥运会延期了一年,因此我有了更多思考各种事情的时间。我想在这个过程中记录宝贵的经验也不错嘛,于是决定来肯尼亚之后开始写日志。

虽然别的选手也有认真写训练日志的,但我至今都只是偶尔记笔记,几乎没有记录训练的情况。

唯一写过所谓的日志,是在佐久长圣高中时期。那时学校规定,田径选手必须每天写日志。每天结束时写日志,第二天早上要交给老师,当天傍晚老师把笔记本再发下来。老师有时会简单地盖上印章表示"已阅",有时则会详细地写上意见和建议等。

前辈们也会教新生怎么写,但是没有特别的格式。只不过以下三项内容必须写上。

- 当天的日程
- 小胜利/小失败
- 自由记录

首先是几点起床、几点练习、几点吃饭等每天固定的日程。粗略地只写从几点开始练习也可以，但是我详细地记录了下来。

比如有一天的练习记录是这样写的。

3:45　热身　体操　20分钟慢跑　准备活动

4:30　绕操场外道跑步（1圈500米混凝土跑道）

① 3′24″9　② 3′25″7　③ 3′27″5 ……

除此之外，打扫的时间、吃饭的菜单、做了什么样的治疗等日常生活事务，我也详细地记下了，现在回头想想，简直是超乎想象的认真。

我当时的教练两角速教练认为，每天的"小胜利""小失败"都是为了取得"大胜利"不可或缺的积累。老师是为了让我们能切实地接近大胜利，抱着"胜利就是前进，失败就是后退"的想法要求我们记录下平时的训练。只不过我记得自己没怎么写过关于失败的记录。当时觉得"明明没有输，为什么一定要为了记录而故意去输呢"。取而代之的是，我在"自由记录"里记下了自己的小发现作为第三个项目。

这一点从学生时代开始就没有变化，但是像参加MGC的时候那样，接受自己失败，才会有收获或思考。于是，我想起高中时期也曾在"自由记录"里写了很多失败以后的感想。只不过如果是自己不能认同的失败，就没有记下来。（笑）

两角速教练那时很重视这个"自由记录"，规定我们每天至少写一页日志。不是那种只拘泥于形式，像流水账一样的日志，而是用自己的语言详细记录自己的感情和想法。

老实说，练习方法和跑步时间是随着成长有所进步的，所以我觉得写日志这件事，只要是简单地写了就行了。

然而，两角速教练认为写日志的意义在于，日复一日地比赛，将来回顾过去时可能会有新的发现，这或许会是一笔财富。我虽然过去都没有重读过之前的日志，但是高中时期的我曾经那样整理自己的想法，付诸语言并书写下来，这段经历确实对我很有帮助。现在在接受采访时，我能准确地表达自己的想法，也许就是因为高中时期曾经写过日志吧。

即使当日感觉到了什么，也很难用语言表达出来。例如，我在跑步的时候会想很多事情，也会想到一些问题的解决办法。但是，随着时间流逝，忘记了很多。

这次我通过写日志感受到的是，虽然自己的想法基本没有太大的变化，但是反复读前几天的日志时常常会发现"这一天原来是这样想的啊"。当然，也有很多时候写的内容大同小异，但把自己的心情写成文字之后，重读时会有意想不到的发现，反复写着、重读着……就这样在这个过程中进一步整理了自己的想法，让认知得到升华。

试着将高中时期的日志和现在的日志比较一下的话……感觉以前的日志好像没有被这红尘浮世玷污，更单纯一些（笑）。

我高中的时候经常感到不安和焦虑，比如怎么会输给对手、怎样才能赢等，这些我都记在了日志上。还写过很搞笑的事情，比如不想在饭量上输给两角速教练等（笑）。不管怎么说，那时占据日志主要篇幅的是比赛中遇到的压力，而现在几乎感觉不到比赛的压力了。这些年不断地参加比赛，我明白了即使焦虑也没有更好的解决办法，不服输的劲头反而能成为坚持下去的动力，所以不会有压力。另一方面，重读现在的日志，我发现自己感受到了比赛以外的很多压力。比如新冠疫情、东京奥运会的相关新闻、社交媒体和线上会议等。肯尼亚对我来说算是一个可以专心备赛的环境，但我又一次感到，即便在这里完全不受干扰，集中精力也是很难的。

最近我还有些感触，很多选手赛后常说"下次会努力的"之类理所当然的场面话、漂亮话，或者说一些肤浅的没有意义的话。但我认为，不只是在体育方面，无论什么人都必须找到适合自己的剧本和目标并为之努力。而运动员则更应该形成自己的价值观并在比赛中努力向前。

难得有机会能够发表想法，我就努力把那个过程用自己的语言记录下来，而且重要的是引起大家的共鸣，因此我必须不断打磨自己的语言。

对于以运动员生涯为目标的孩子们来说，首先应该努力比赛，如果还能坚持写日志，从而明白将自己的想法变成文字的重要性就更好了。

我写着写着不知不觉就变成了运动员的口吻，不过运动日志对大众跑者也有参考价值。现在很多人在智能手表上做记录，用日志记录工作的事情、当天的心情、练习的课题以及比赛的反思等，日积月累，就能找到适合自己的训练和生存方式。正如高中时期两角速教练读过我的日志后，发现"这一天他没有那么游刃有余啊"之类的。

以此为契机，我设计了一份跑步日志，希望大家一定好好利用，一边享受这个过程一边继续训练。

2021 年 2 月 22 日

佐久长圣高中时期（右一）

| 两角速教练的话

（东海大学田径队接力赛教练。1995—2010 年担任佐久长圣高中接力赛教练）

写日志的意义

我从自己还是选手的时候，就一直坚持将自己的训练过程记录下来并不断复盘，而且认为这是理所当然的事。因此，自从在佐久长圣高中担任教练，我就要求学生们每天写训练日志。

写日志的意义在于，记录当天所做的事情，以后回顾的时候能够进行比较。例如，在高中三年中，比赛的日程基本上是固定的。一年中也经常重复参加同一种比赛。这时候选手可以回顾上次类似的比赛是怎么准备的，赛后应该反省什么，等等。如果当时记录了单圈用时，那么单圈的配速也很清楚了。再跟现在的状态进行比较，自然就能明白哪里应该改进、未来的目标应是什么等。

我自己也常在比赛前反复阅读学生的日志，参考过去的比赛成绩，确认选手现在的训练状态。

尽管如此，我觉得训练日志里并不应该仅仅记下训练的内容，记下当天自己的思考或者想法也很重要。刚开始训练的学生，还不习惯写日志，内容写得不够充实，我就会告诉他们"尽量多写点自己的想法"。对于日志内容和表现不一致的学生，我也会直接找他们谈话。

佐久长圣高中田径队要求学生们住校。在这种屏蔽外界各种诱惑，只能集中于田径训练的环境中，学生们自己写下的日志成为一笔财富。

有些人可能会写下自己从未想过的事，或单纯写下对比赛本身的想法，等等。学生时代可能觉得写日志很麻烦，但等长大后再来回顾的时候，或许会庆幸当时坚持了下来。

我所了解的大迫杰不太懂得面对自我，而总是把注意力放在对手身上。例如在高难度训练前，很多选手都会担心自己的状况，甚至怀疑自己能不能完成训练，等等。然而，大迫杰却会想"完成这些训练就能赢了那家伙""这样训练下去会不会输掉啊"。他不会去想自己能不能完成，这种感觉完全体现在日志里，我想这也是他成长的动力之一吧。

除此之外，大迫杰的日志还体现了他是个急性子。不只是日志，只要是叮嘱他的事情他都会去做，但是会想快一点做完。从日志的用词和书写上能看出来，他经常想快点做完这件事，偶尔比较从容的时候会认真写。长时间看他的日志之后，就能从文字的杂乱程度和日志的长度看出他的状态和心情。

我目前在东海大学担任教练，也要求选手们写日志。选手很多，我不可能一一参与选手们的日程，所以现在用 Atleta 这个软件来管理日志。从像大迫杰那样手写的文字本身就能明白很多事情，所以我至今仍然觉得最好手写日志。

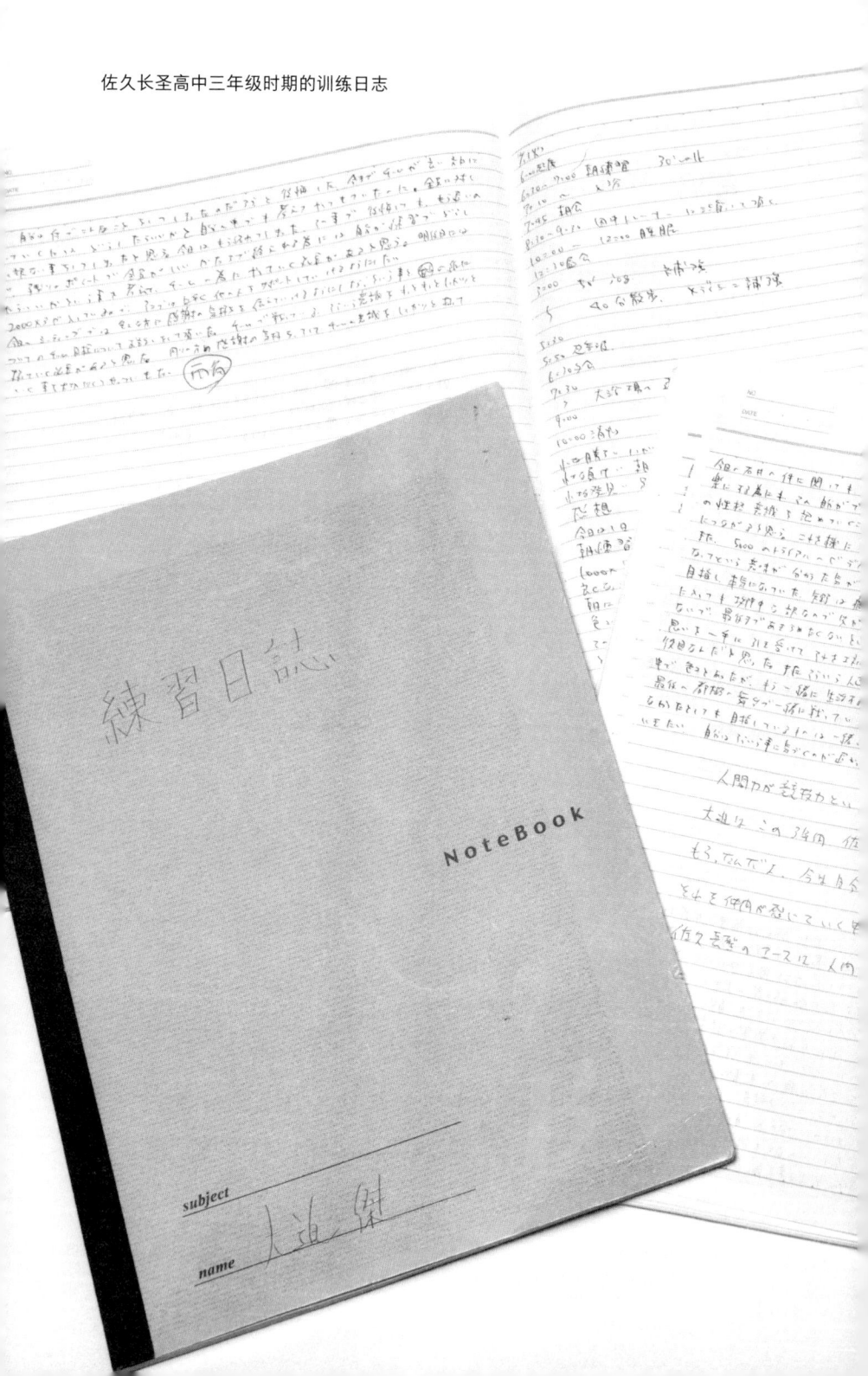

佐久长圣高中三年级时期的训练日志

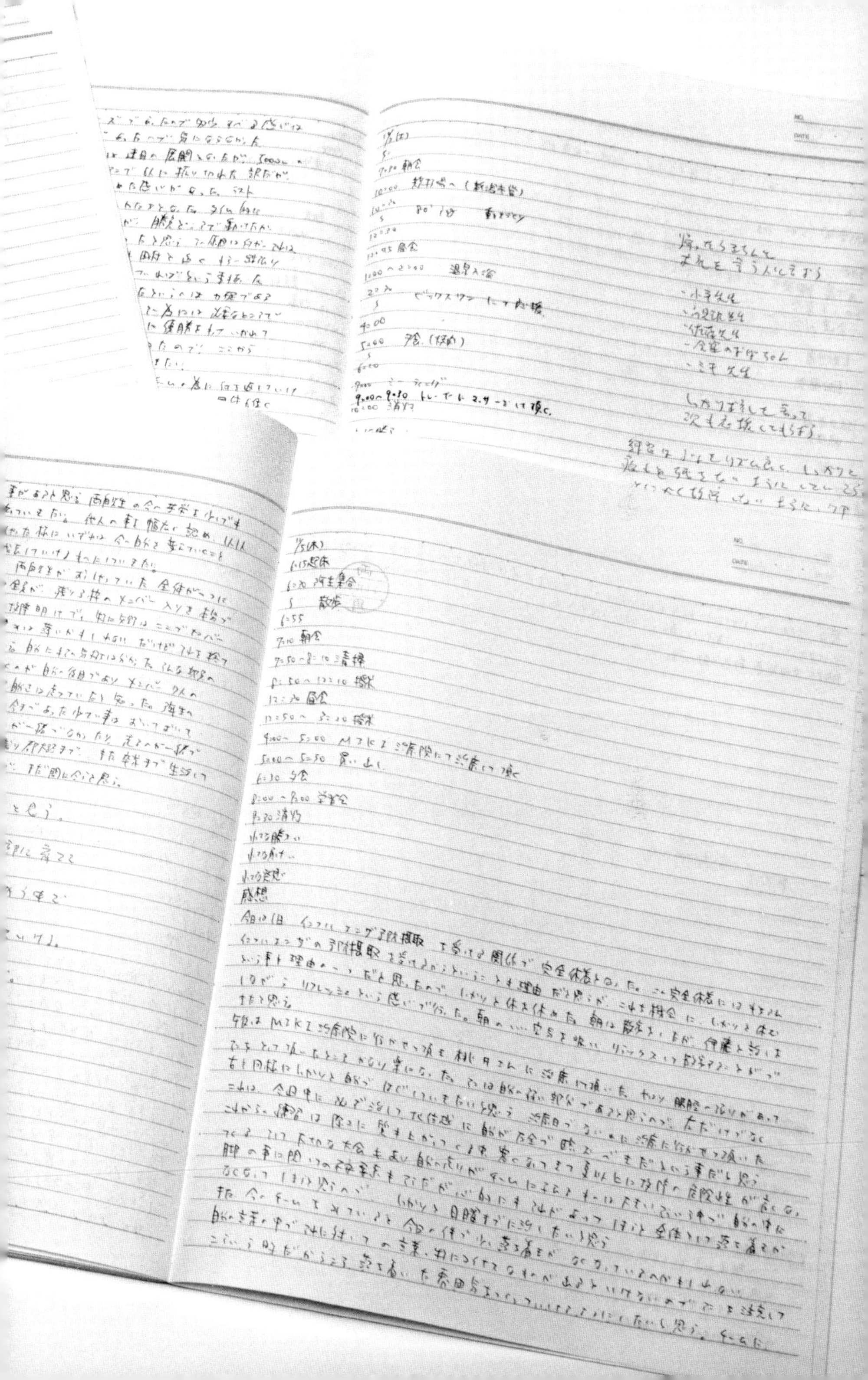
7:00 朝食
12:45 昼食
5:00 夕食（焼肉）
7:10 朝食
7:50～8:10 清掃
12:20 昼食
6:30 夕食
感想

佐久长圣高中三年级时期训练日志节选

7月22日 星期三

今天早上训练时下雨了。因为下雨,天气很凉爽,我心情愉悦地跑了50分钟。跑步过程中为了不让自己的动作一成不变,最后20分钟我尝试了稍微不一样的跑法。整体感觉小腿比平时用得更多,今后要注意不能过度使用小腿,而是尽量多使用肌肉体积更大的大腿部位。

此外,下午小平老师找我谈话了。老师问我毕业以后的打算,还说不要因为现在的比赛结果而情绪波动太大,多关注一下其他方面的事情,能够做到这一点才是成为大人的第一步。

确实,现在想来,有时比赛结束后我还在想自己为什么那么不甘心。原因我自己很清楚。我训练得还不够。我不甘心因为冬天训练量不足这种事而输掉比赛，所以才不想承认。或许只有承认了这一点，我才能在精神层面有所进步。真希望自己内心能够放一个容器，承认自己的缺点然后以长远的眼光来看待自己。现在的自己还很弱小。我首先要承认这一点，因此今年夏天很重要。为了能够在夏天之后"变身"，从现在起我就要做准备。尽管如此，这三年以来我一直将参加日本高中综合体育大会（Inter-High，简称IH）作为目标。为了如期参赛，我必须继续踏踏实实地训练，接受比赛的挑战。我们学校是去年的全国冠军，而我是冠军队里的王牌选手，虽然我背负着期待和责任，但不管不顾地埋头苦练反而会是徒劳。我希望自己不要单单想着取得好成绩，而是真正地挑战一下自己，看看到底能达到什么水平。还有一个星期。我相信自己的潜力，在这一个星期里不要再用蛮力，自然地使用身体，让自己的感官更灵敏，或许这样迎接挑战比较好吧。

10月2日 星期五

今天是日本高中综合体育大会第一天，也是日本国民体育大会10000米决赛的日子。早上训练的时候，我为了参加决赛而留存了弹跳力。我觉得自己能够集中精力完成比赛。

上午在酒店待命，我一边想着比赛的事情一边听着音乐，做好了比赛的心理准备。那段时间，我想着不要太在意比赛或者过于紧张。

虽然现场要在雨中热身，但我沉浸在自己的世界里充分地进行了热身。开始比赛后，我像早上训练时那样，尽量不过度使用弹跳的力量。

就比赛本身而言，起初雨有些大，我穿着跑鞋感觉有点滑，但跑着跑着好多了，后来就没特别在意。

我在刚开始的5000米跑得比较快，算是游刃有余地通过了中间点。之后有5个人超过我，通过中间点之后我的腿慢慢出现疲劳感。最后1公里我们之间的距离拉开，在这6名选手中我是第6名。从完赛时间上来看，今天的28分钟左右还算可以，但是从比赛胜负来看，6人中的第6名就算输了。原因是什么呢？我觉得可能是缺乏自信的问题。其实最后很靠近田村选手了，我再努力一点也许就能更快。而且，最后1公里本来也应该更加努力。不过，不管怎样，比赛时没有拼尽全力，就证明我还是能力不足。我必须成为正式比赛的冠军才行。为此我必须在关键时刻有获胜的信心。今天的第1名还是高中二年级的学生，我不能就这样放弃了。一定要在国民体育大会上好好表现，让全日本的人都看看我真正的实力。

大家都给我加油，我很受鼓舞。很感谢我的队友们，接下来我要开始备战都大路 1 区的接力赛[1]了，我要好好想想自己如何以跑步的方式为团队做些什么。国民体育大会第 6 名的成绩实在不能雪耻。希望我以后能想清楚自己的目标，迎接下一场比赛。

10 月 31 日 星期六

今天是县接力赛的前一天。因为是赛前一天，所以我安排了一些刺激肌肉的训练，觉得效果很不错。跑 2 公里的下坡路时我没怎么费力，而是根据地面的倾斜度有节奏地完成训练。虽然身体没有很轻盈的感觉，但考虑到明天将会遇到上坡，今天最后的 4 公里有一点重量反而会比较好，也正好是肌肉训练。我相信，因为今天的肌肉训练，明天的跑步动作会更好。

今天晚上开会时，大家提到了都大路的比赛。在都大路的比赛中可能会遇到的选手，都是以前在日本高中综合体育大会还有日本国民体育大会上彻底击败过自己的对手，如果我想赢他们，痛苦的时候就要想着他们的脸，特别是从开始上坡的时候就要坚持下去。

虽然每年都参赛，但是开会时还是有种特别的紧张感，觉得"又到今年的比赛了啊"。跟日本高中综合体育大会不同，我不只

---

[1] 日本全国高中接力赛中男子接力赛共分为 7 个区段，1 区是跑步的形式。——译者注

是为了自己参赛，特别是参加1区的比赛，也是为了不辜负队友和教练的期许。我希望能在县接力赛上锻炼这种能力。如同谈话时教练给我的建议，从后半程折返开始才是胜负的关键。在那之前则要耐心控制速度，特别要注意下坡的时候不能冲过头，只要这一段能保持耐心，完赛时间上将会有所体现，我也能更进一步。别人说我作为队伍的王牌，水平不如之前的上野前辈、佐藤前辈和村泽前辈，我很不甘心。所以我要带着这种不甘跑完剩下的4公里，让停留在当前水平的自己更上一层楼。同时，从团队角度考虑的话，我不只是为了自己而战，也为队友而战。怀着这样的心情，我希望能在都大路接力赛之前努力提升自己的能力。现在的我跟去年我对自己的期望之间还有一定的差距。但愿接下来我能够努力缩短差距，明天我将带着对下一棒队友以及所有团队成员的信任开心地比赛。

11月4日 星期三

今天晚餐前和两角速教练聊了一下，聊到自己以前提到的心理负担，还有当前状况下自己的打算。心理负担方面，现在想起来感觉也没什么，一想到两角速教练还为此担心，我就觉得很不好意思，同时感到现在的我度量太小了。另外，听了教练的话，我重新审视了自己现在的状态。教练说队友们对我的关注超过了我的想象，所以我对整个团队的影响非常大。意思是，如果我经常带着紧张感的话，那么整个团队会因我而紧张；如果我经常散发出忧郁的话，整体团队也会变得忧郁。而我意识到自己能为别人做的事情很多。对于那些因受伤而痛苦的队友、无法正常融入团队的队友和跟大家有些疏远的队友，我也许能通过自己的努力团结他们，这是我的任务之一。我们有各种各样的队友，无论是谁，大家都要充分认识到他的优点并学习。这一点很重要。今后我得更了解自己在团队中的位置，从而努力发挥作用。

为了让两角速教练轻松一点，我要逐渐认识到自己的能力，多为整个团队想一想。我要是能全面地认识到大家的优缺点，了解每个人的性格和想法，或许就像教练说的那样，总有一天实现自己的跨越，也能因此得到各方面的成长。

另外，我也看过5000米预赛的录像了，终于明白了两角速教练说的"团结一致"的意思。每位练习跑步的队友都为了取得决赛的前三名而认真努力。矢野忍着伤痛参赛，而大仓的伤病刚刚康复，尤其是矢野带伤比赛，这可能会影响他今后的运动员生涯。即使如此他也没有放弃。我觉得他是想坚持到最后一刻的，在这一点上我很理解他。我尝试去理解队友们的想法，然后将其化为动力激励我自己跑下去。我觉得这是我的责任，也是我们7个队友共同的责任。此外，我还意识到我们是带着大家的心意在跑步的。高中三年级的学生之间经常会产生摩擦，不过我们能一起生活的日子已经不多了。我觉得大家应该忽略那些无关紧要的小事，以都大路接力赛为最后的奋斗目标并为之努力。即使我们每个人的行动和跑步的配速不一样，但我们最终的目标是一样的。我希望以这样的心情迎接都大路接力赛，并且度过毕业前的时光。或许我明白得太晚了，但一切还来得及。

11月30日 星期一

小失败　我跳起来了

小发现　从团队的角度思考很重要

今天早上进行了重点训练，跑了两个回合，一共4公里。第一回合的时候，绝大多数队友都团结一致，顺利跑完。但第二回合时，我的提速导致队伍散乱，结果训练变成了你追我赶的比赛。跑步的时候我完全沉浸在自己的世界里了，没注意别人怎么样。跑完的时候我一看队伍怎么变成这样了，真是后悔啊！我明明是想着怎么让队伍变得更好啊！我觉得对不起大家，但是今天的训练已经结束了。再后悔也无济于事。为了让队伍里的每个人都更优秀，今后我不得不考虑怎样训练才对大家都有益。后天将是三个回合2公里的训练，我希望到时候能对大家有帮助。

今天开会的时候,教练告诉我们要学会向周围的人表示感谢。还有我们作为团队的一员,参赛的时候必须有团队意识。我以后会更重视带着对周围人的感谢与团队意识去跑。

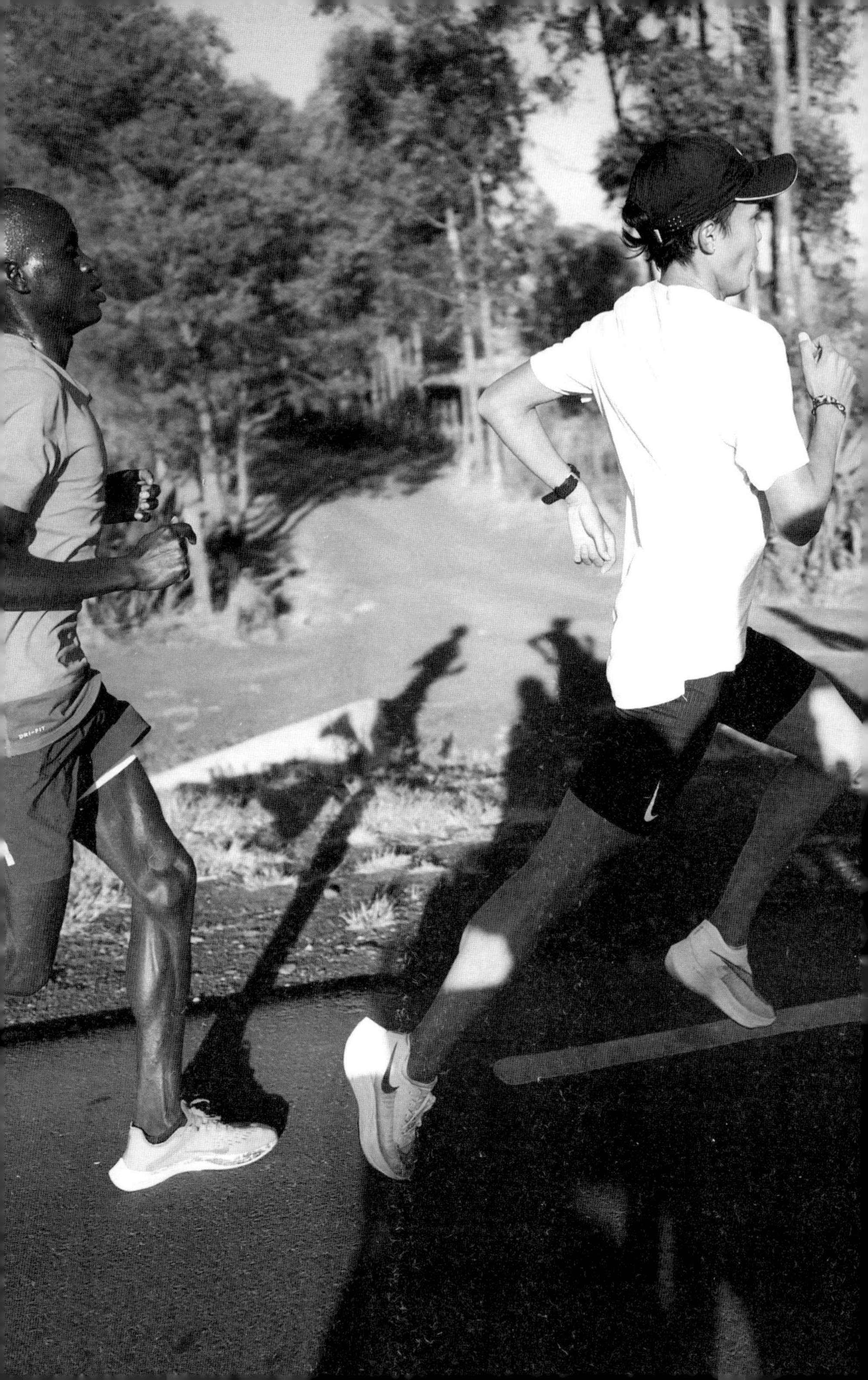
DRI-FIT

2021-2-9
至
2021-3-8
in Iten, Kenya
肯尼亚伊腾镇训练日志

在肯尼亚的训练日程

*弗拉格斯塔夫和波特兰的训练日程也基本与此一致

没有重点训练的平日

时间	内容
7:20	起床
7:30	早餐、咖啡
9:00	和肯尼亚的伙伴们一起轻松跑 13~15 英里
11:00	拉伸和力量训练
12:30	午餐
14:00	按摩
16:00	跑步
17:30—18:30	桑拿
19:00	晚餐
22:00	睡觉

星期二和星期五　训练（重点训练）

时间	内容
6:00	起床
6:10	简单早餐、咖啡
7:00	从宿舍出发
7:15	公路路跑或者 8:00 到达田径场热身
9:00	重点训练　力量训练
12:30	午餐
14:00	按摩
16:00	跑步
17:30—18:30	桑拿
19:00	晚餐
22:00	睡觉

星期六或星期日　长距离跑

时间	内容
5:30	起床
5:40	简单早餐、咖啡
6:30	长距离跑
9:30	力量训练
12:30	午餐
14:00	跑步 20~30 分钟
19:00	晚餐
22:00	睡觉

在肯尼亚训练（右三）

2月9日 星期二

晴

早上　莫伊本路

　　　5公里—3公里—2公里—3公里—2公里

　　　（15′15″—x—x—x—x）

下午　10英里

合计　26英里

　　上次练习节奏跑是刚来肯尼亚的时候，动作幅度比较大，这次就感觉很好。

　　彼得教练说轻松地完成这项训练就行，但是我刚来肯尼亚三周，周围都是练习跑步的选手，这种环境中我不可能游刃有余地训练。我跟教练之间好像有些理解上的偏差，但这也很正常。

2月10日 星期三

晴

上午　在附近跑步

　　　14英里

下午　7英里

合计　21英里

今天感觉特别累，可能是因为昨天跑了 40 多公里，好久没跑这么多了。但是，今天还是像往常一样训练。

2月11日 星期四
晴

上午　15 英里

下午　7 英里

合计　22 英里

2月12日 星期五
晴

上午　基普乔格体育场　热身 6 英里

　　　缓和跑 5.5 英里

　　　4（400 米 × 4）(64″/64″7/63″9/64″2)

　　　恢复跑 200 米 轻松跑

　　　组合跑 400 米 轻松跑

下午　7 英里

合计　18 英里

我感觉跑 400 米相当轻松，可能是因为去年到 12 月为止都在田径场训练。

2月13日 星期六

晴

上午　20英里 轻松跑 长距离跑
下午　去赞恩的训练营（海拔3100米）参加聚会

　　上午在轻松跑之后进行了长距离跑训练，下午去了新西兰人赞恩·罗伯逊的训练营参加聚会，赞恩从16岁起就来肯尼亚接受训练了。
　　是好是坏先不说，赞恩玩得真的很疯狂（笑）。
　　很久没喝廉价酒了，这次真是醉了。

2月14日 星期日

晴

下午　5英里

　　我早知道昨天会喝多，前几天就多跑了点距离。因此今天只跑了5英里。
　　喝酒也不能影响我的备赛训练。

2月15日 星期一

晴

上午　14英里

下午　7英里

合计　21英里

最近大家都在谈论东京奥运会，我也有自己的想法。

国际奥林匹克委员会（IOC）本来也不会听取选手的意见，那选手们讨论来讨论去还有什么意义？而且我感觉大家好像都在说一些好听的场面话。就马拉松而言，即便没有东京奥运会，以后还有东京马拉松、波士顿马拉松以及其他的世界马拉松大满贯（World Marathon Majors，简称WMM）比赛可以参加。东京奥运会这个参赛舞台会不会太过招摇了？虽说这是最高的参赛舞台了，但我觉得对于马拉松选手来说还有很多别的选择。

我不知道其他像马拉松一样电视台不转播的比赛情况如何，但现在大家无论讨论什么问题都无济于事。

2月16日 星期二

晴

上午　卡普图索（公路）

　　　热身　4英里

　　　x×1公里（3′00″）

　　　恢复跑 90″

　　　缓和跑 3.5英里

2/12 晴
午前: モプチョゲスタジアム w-up 6mile. c-down. 5.5
　　4(400×4)　(64"-64"7-63"9-64"2)
Recov 200m easy
set 400m
午後 5mile

12月ほどトラックをやっていたせいかまだ 400のオが easy.

2/13 晴
　午前　20mile easy LR
　午後　Zane camp にて party (標高 3100m)

午前は jog の延長線上の LR を行い、午後は N2 出身で
16から ケニアでトレーニングしている Zane の camp で party をした。
気分の悪いのは置いておいて Zane はクレイジーだった(笑)
安い酒を飲まされて久しぶりにつぶれた。

2/14 晴
　午後　5mile

昨日は飲み過ぎそうという可能性があったのでそれまでに
距離をかせいでおいた。そのおかげで今日は 5mile のみ。
飲みながらも競技に妥協しない。

/5
Am: 14mile   pm: 7mile.

最近話題のオリンピックについて考える。IOCはそもそも選手の声を聞こうとしない。だから選手側の発信に意味はあるんだろうか。そしてみんなもイ事を言っている気がする。ランナーに限っていうとオリンピックでなかったとしても、その後の東京マラソンせめて他へ行さえ「リベンジ東京オリンピック」というストーリーをつくり目立ちサすいんじゃないだろうか。最高のシナリオは東オだけれどマラソンランナーにとっては沢山optionがある様に思う。他、正直普段まで上波で放送されないスポーツには分からないが、現状でみな立場から発言しても何も生まれない。

/6 (火) 晴
Am: カプトゥーソ (ロード) 4mile w-up   ■×16 (3'00")
                                        90" Recov
             3.5 c-down
pm 7mile.

うまく楽に終える予定だったが思ったよりキツかった。土曜の心でー？

/7 (水)
Am: 14.5   pm: 7mile

下午　7英里

合计　24.5英里

原想着会跑得轻松点呢，结果比想象中更累。是因为上星期六的聚会吗？

2月17日 星期三
晴

上午　14.5英里

下午　7英里

合计　21.5英里

2月18日 星期四
晴

上午　15英里

下午　7英里

合计　22英里

2月19日 星期五
晴

上午　10×200米　坡道（跑34″之内）

+10×200 米 田径场（27″8~29″）

17 英里

下午　7 英里

合计　24 英里

2 月 20 日 星期六

晴

上午　6:30 起跑

长距离跑 22 英里（5′54″/英里）

缓和跑 1 英里

下午　BBQ 莱昂纳多的招待所

合计　23 英里

今天我沿着伊腾镇去往莫伊本方向的下坡路进行了长距离跑训练。这是我来肯尼亚之后第一次配速不错的长距离跑，我游刃有余地跑完了全程。

由于弟弟的失误，这次没拍下训练记录，他要能乖乖认错就好了……有些人能取得进步，有些人却很难进步。前者会把注意力放在自己身上，而后者会把注意力放到自己以外的地方。而且前者会努力寻找应该做的事或者成功的方法，后者却只是为自己不想做或做不到的事情找借口。

2月21日 星期日

多云

上午　17英里

下午　7英里

合计　24英里

　　我下周计划去内罗毕，由于想在速度训练方面表现得更好，因此我今天比平时的星期日跑得更多。很久没有这样了，下午一边听着音乐一边一个人跑步。跑步的时候，我有些感想，近年来社交媒体的发达使得选手们都能自己发言表达想法了。作为运动员，要是说些和行动、结果不一致的话，就没有任何意义。但这种运动员越来越多了。

　　还有，我经常在大家都开始发表意见时选择沉默。

　　也许很多人是受到日本国内"必须发言"的氛围影响而不得不这么做吧。

2月22日 星期一

雨

上午　13英里

下午　7英里

合计　20英里

2月23日 星期二

雨

上午　10英里 节奏跑（约每公里3′05″）

下午　7英里 轻松跑

合计　17英里

2月24日 星期三

晴

上午　13英里

下午　去内罗毕，参观"杰精英"项目的宿舍

平时训练的时候，对运动员来说最重要的是能不能融入生活的环境。因此，我们需要进行3~6个月的长期集训。这次去内罗毕是想着能放松一下。我还去了日式餐厅，并且期待着星期六还能再去。到了之后，卡洛基带我参观了"杰精英"项目的宿舍，房子很不错。但不知为什么总觉得被坑了。

我在肯尼亚期间，除了训练，在其他的方面也想有点作为。

2月25日 星期四

晴

上午　11英里

下午　去日本驻肯尼亚大使馆报到，然后休息

本周合计　140英里

2月26日 星期五

晴

上午　12×800米（2′14″~x′xx″）　合计20英里

下午　5英里

合计　25英里

　　今天感觉身体很沉重。这一个多月以来，速度方面的训练情况基本上还不错，但也终于迎来了马拉松训练的沉重感。我20岁出头的时候，常听那些二十五六岁的选手说"上了年纪身体的疲劳就很难消除了"等，那时我觉得自己根本不用担心疲劳，自然而然就能调整好，只有那些想放弃的人才会找各种借口吧。

　　晚上出去玩了，想留下快乐的回忆（笑）。

2月27日 星期六

晴

上午　长距离跑 21英里

　　最近烦恼的是比赛之外的事，例如"杰精英"项目需要发动

别人一起努力才能推进。比赛的话,则是专注于我平常一直做的"单纯而必要的事情",或者根据目标来决定自己应该如何努力,以俯视的角度认清自己然后付诸行动就行了,相对容易些。但我弟弟作为员工,不是为了目的和过程而行动,而是为了不想道歉、不想被要求等自尊什么的去行动。他的工作做得可不算好。以前我都是很温和地对待他,想给他一个自我发现的机会,今后可能得稍微提醒他一下了。

比赛的话只需要专注于跟自己对话就好,这一点让我很开心。

2月28日 星期日

晴

上午　7英里

下午　7英里

合计　14英里

我从内罗毕返回了伊腾镇,大家可能都很想知道被打破日本纪录的事情[1]给我个人带来的一些影响。1.今后不能继续以日本马拉松纪录保持者的身份进行宣传;2.换成以非日本马拉松纪录保持者的身份在田径运动界活动(要不要以提供奖金为目的设立财

---

[1] 2021年2月28日,铃木健吾在日本琵琶湖马拉松以2小时4分56秒打破了大迫杰创造的日本马拉松纪录。——译者注

团，或者想方设法使"杰精英"项目进行得更顺利）；3.对自己有激励的作用，争取以后能跑出好一点的成绩，给大家留下好印象。

我本身对头衔没什么兴趣。可能是因为我常执着于过去，不太喜欢这方面的事情，怎么样都行。人们常被过去和想象中的未来迷惑。单纯一点看待这件事的话，只会觉得"健吾很不错啊！自己也得努力啊！"等。

那么为什么人们现在不能单纯地看待事物了呢？我觉得是外界干扰的缘故。人们随意地想象故事情节（有时这些故事能赚钱），然后把这些故事情节强加到选手身上，要求我们去实现。多数时候我们受困于外界的干扰，所以不能单纯地看待事物的本质。

在肯尼亚训练，我只接收必要的信息，因此能够从自己的角度单纯地理解和接受这些信息。

有时，我们运动员不得不配合粉丝们自慰般的幻想。但是身处肯尼亚，我们就能客观地看待这些幻想。

3月1日 星期一
晴

上午　13英里

下午　7英里

合计　20英里

我很喜欢网络自搜，所以常在推特[1]或者照片墙（Instagram）上检索自己的名字。

在肯尼亚空闲时间比较多，我就思考了一下昨天日志里提到的网友的幻想，在这里介绍一下。

"如今跑步飞快的选手人才辈出，小规模的比赛中也必须获胜！"这位网友非常认真地将参加东京奥运会的前7名选手的比赛获胜经历整理了出来，观点非常有趣。

为什么说"必须"呢？有两个理由（作为目标也行）：

（1）能否在东京奥运会上拿到奖牌。

（2）能否成为被后世传颂景仰的选手。

如果他的意思是，为了达到这两个目标，我还必须在世界马拉松大满贯以外的世界田径银标赛事中获胜，那么我庆幸他只是在没事找事。理由如下：

（1）运动员除了比赛成绩，还应该给大家留下什么有意义的东西吧。

（2）世界田径银标以下级别的比赛里，很多都是专门为了国内选手而举办的，如果他的意思是必须以东京奥运会金牌为目标，

---

1 推特现已更名为X。——编者注

日志内页 (2-24 至 2-28)

2/24(木)
　am : 13mile　　pm : Nairobiへ, SE用不動産見学.

日頃のトレーニングの中で大切にしているのは、生活の一部として合宿を行うこと。だからこそ3〜6ヶ月という長期間を合宿期間に出来る。今回ナイロビに行ったのもリラックスするという意味もあった。日本食レストランにも今日行ったし、土曜日にも行く予定で楽しみ。別看護から案内されてSE用の物件を見に来たが良い家だった。だがなぜかぼったくられている感じがする。ケニアにも居る間に競技外への活動も何かしつかりたるようにしたい。

2/25(木)
　am : 11mile
日本大使館へご挨拶へ伺った。その後はリラックス

　　　　　　　　　　　　　　　　　　　　　　　　weekly 140mile
2/26(金)
　am : 12×800 (2'14〜 ■■■) total 20mile pm : 5mile

今日は体が重たかった。この1ヶ月少し、スピード系に関しては調子が良い事が多かったがようやくマラソントレーニングをしている重さになってきた。ふと、皆さんが20代前半だった頃に20代後半の違和感や疲労が年で抜けなくなってくるという事を言っていたが、コンディションで疲労を抜く時間や調整までの間にあったけると思った。人は皆が諦めたくなると言訳をつくりたがる。夜は並んだ楽しい思い出ができた(笑)

27 (土)
m: LR 21mile

近々の悩み事は競技外、SEであったり、他の人を動かして仕事をする事。競技内で
残しているシンプルに必要なことに今専する事であったり、目標から逆算して動かせるべき事(仕事)
見つける事であったり。そもそも苦手な事に立ち向かう事で自分をツッカンして見据を意識すれば
なに難しい事ではないと思うが、社員である事は、助力と過程？が先に来て動くのでは気
持たない、指示されたくない等、プライドが充分に動いてしまっている。あまり良い行動ができては
いる訳ない。今までは優しく、誰れずに身近な機会をあげたいと思ってた方が少し言っていかなく
いけないと思った。競技は自分との対話に集中すればいいから楽しい

(月)
am: 7mile   pm: 7mile

TVからイテンに帰ってきた。おそらくみんなが聞きたがっているであろう日本記録について
自分にとって良い悪い影響を考えてみると、
①これから日本記録保持者として営業で回るくなる ②日本記録保持者で変わってない立場として
界他の為に動ける(無報酬でつくったおけてほしい気持ちから財団を設立？よりSEと
ちかい局になる？) ③中途半端な走りをしたらモチベーションに悪くなる
そも片書きはあまり好きではない ▓▓▓、これは過去に執着して何が残ってる
てるのかはどうでも良いと思っている。多くの人が過去に執着し、と想像きが未来に
引きれている。シンプルに物事を見れば、知事君良かったね、自分も頑張ろう
という気持ちが残るのみ。こういうシンプルな気持ちになれるか
ではなぜそんな簡単にシンプルに物事を見れなくなってしまうかというと
同りからのノイズだと思う。勝手にドラマを作り(時にそのドラマは金になる)、逆に
そのドラマを再現を発用する。そんな同りから、ノイズに惑わされ、シンプルな事
見ず、そして単純な本質が見えなくなる人が多いのではないか思う。
ここケニアでは必要最低限の情報しか入ってこないから今の情報をシンプルに
自分の立場に立ってそしゃくできる。
時に僕らアスリートはファンのマスターベーションに付き合わされる。でもケニアにいると
僕らそのマスターベーションを客観的に眺める事ができる。

那么凡是比赛都要获胜这一点就没有他想象的那样重要了。

为了证明我的想法，请看看我6次重大的马拉松比赛的成绩吧，曾有4次位列前3名，也就是说有75%的概率，而且有两次是在世界马拉松大满贯比赛上获得的。6次中我能接受的失败只有1次。跟其他的选手比起来，好像不用我什么都说明白，大家就能很好地理解我。

难得的是大家都在评论"我身上没有的特点"。

3月2日 星期二

晴

上午　3×（600米+400米+300米+200米）

下午　7英里

合计　10英里

3月3日 星期三

雨

上午　13英里

3月4日 星期四

雨

上午　11英里

本周合计　122 英里

3月5日 星期五
晴

上午　埃尔多雷特

　　　田径场 10×1 英里

下午　7 英里

合计　25 英里

　　我第一次在优兔（YouTube）上投稿时，粉丝们的反应很有意思。可能一直以来同我交流的是那些素质比较高的粉丝，所以这次面向更多的粉丝，我感到周围还是有很多素质比较差的粉丝。

　　也许这本来就是理所当然的事情，既然我受到关注，就应当好好利用。

　　另外，我觉得弟弟最近也努力多了，所以我的生活和训练都比较顺利。虽然我也不应该去评论别人，但觉得他还是努力一点好。在这儿工作也不会太久，希望他能更珍惜这段时间。

3月6日 星期六
雨

上午　15 英里

下午　7英里
合计　22英里

3月7日 星期日
雨
上午　23英里长距离跑＋1英里 下坡
下午　3英里
合计　27英里

我在优兔上投稿几天后收到了这样的一条评论:"要是他更加直率地说自己后悔了……"估计这个人不是我的铁杆粉丝吧。单独这条信息其实不值得我回复,我觉得这个人可能太过自恋,这种人其实还有很多吧。我也可能是因为训练太辛苦了而有情绪(笑)。

我一边心里想着怎么回复这条评论,一边揣摩这些人的心理。

也许是他们心中有个"自己的大迫杰"在作怪,也许是其他运动员的形象在他们心中太强大了。这个人心中的"大迫杰",可能是那个在伦敦奥运会的选拔赛上拍着地面心有不甘的样子,或者是他想看到那种电视上剪辑播出的运动员比赛切磋的场面。我要是无论什么状况都像演戏一样后悔不已,我早就因为头上血管爆裂而死了(笑)。

我回顾这件事的时候，比起心有不甘，想得更多的是"好可惜""继续努力吧"之类的。

相反，即便你对今天的结果不是十分满意，但已经觉得可以理解接受，可以继续前进的时候，远方有个根本没有接触过或说过话的人，在你无法掌控、毫无关联的地方又取得了同样的成绩，你会怎么想呢？你会拍着地面后悔不已吗？

继续写下去太累了，还是接受采访的时候再说吧（笑）。

其实我想说的是，有些粉丝幻想中的运动员和真正的运动员不一样，我们要比大家想象的积极得多。尽管很多人劝我不要理他们，不要费时间去回复评论，但好好挖掘这些让人烦躁的评论总会有新的发现，我并不是很排斥(也有可能是因为我不愿服输吧)。

3月8日 星期一
晴

上午　13英里

下午　7英里

合计　20英里

8/31
　am: 13mile　　　pm: 7mile.

僕はエゴサーチが好きでツイッター、インスタで自分の名前をよく検索する。
ケアにいるのもヒマなので昨日書いた一般白人のマスターベーションを
分析する事ができる。2つ紹介したい。
① タイムを出す選手が沢山いる今、小さい大会でも優勝は必至。
　ご丁寧にオリンピック代表～7番手ぐらいまでの
　優勝経験を書いてくれている人がいたが視点が非常に興味深い。
　ここでいう必至な理由として(ゴールとして)2つまで。(1) オリンピックでメダルをとれる方
(2) 後生に名を受け継がれる選手になるか。 僕がいた父もしこの2点のため
メジャーズではらいシルバーレベルでの優勝経験の必須を書いているとしたら
ありがたい事に僕のアラ探しているに足ぎないと感じる。その理由は、
① アスリートは競技成績+αで何を、誰の心に残せたかが
　　大切だから。

② シルバー以下のレースはその回の選手のためにレースがつくられる事が多い
　もしオリンピックのメダルについて語っているであれば優勝経験の有無は
　彼らが考えている程の重要性はない。　　　どんな大会でも。
　自分を正当化するのが得意な僕の考えとは、
6大会で3位に確実に入っている回数は4回, の僕の経歴を
見て欲しい。75%でしかも半分がメジャーズで3位になっている。
6回のうち見てとれる失敗の一因、他の選手とくらべて、諦あえている
計りずとも高めている事が分かると思う。
ありがたい事にみんな「僕にないもの」を批評化の対象としてくれてば

3/5 金　　total 25mile
am: 10×1mile eldoret track　　　pm: 7mile

初youtubeを投稿してのファンの反応が興味深い。今までは質の良いファンを対象に情報を発信してたから感じなかったかもだが、よりマスへファンに対して発信した事で自分の周りにも意外と沢山　■■■■　質の悪いファンがいるのだなと思った。でも当たり前事かもしれないが注目されているという事。上手く利用できますと思った。あと少し弟が素直になってまた気が戻って少し生活と練習がしやすくなってきた。自分も人に言える立場ではないが。ただもっとハードワークできると思う。現役ももう長くないこの瞬間を彼にも大切にしてもらいたいと思う。

3/6 土　　total 22mile.
am: 15mile　　pm: 7mile

3/7 (日)　　total 27mile
am: 23mile LR +1mile down　　pm: 3mile

youtubeを投稿して数日、「もっとストレートに嫌いと口に…」というコメントがあった。おそらくこの人はコアなファンではないのだろう。正直無視 反応するに値しないツイートではあったが、あまりにも自慰が過ぎるので、また多分こういう人多いんだろうなと思い引用した。練習の疲れでイラついていたのは否定できないが(笑)
このコメントを引用してどういうツイートをしようか考えている。宇宙ヒロやでこういう人達の心の中を少し考えてみた。ツイートにあった「あなたの中の大迫傑がこんにらすよしたね。」

おそらく自分の中の大迫傑であり、他のアスリート像が非常に強いせいだ。
そんなの大迫傑でいうと、ロンドン五輪選考会の地面を叩いて悔しがる姿が
強く、またアスリートの切磋琢磨さをテレビが作ったドラマチック目線でイナ
しているのだと思う。そんな常に劇的な悔しさを常に状況問わず感じてたら
頭の血管が切れて死んでしまうよ。(笑)
改めて考えてみれば「悔しい」より「残念」と「頑張ろう」だった。
逆に問うともし同じ様な成果であなたが既に完度に満足ではない
その当時出した結果を出していて、次に並んでいる時、遠く、あまり話した事
ない人が同じ様な結果を出した時、どう思うだろうか。 地面を叩い
　　　　　　　　　　僕、コントロールできない、関係ない場所で
悔しいと思うだろうか。~~時系列～会で～~~ これ以上書くつかれた
これについては インタビューしてもらおう (笑)
言いたい本質は、あるこの感動おしくの中のアスリートと、リアルは
違うということ。僕らはみんなが思いよりずっとポジティブだよという事。
色んな方に無視した方がいい、考えるだけ時間の無駄というアドバイス
を頂いたけど~~手の現象で自分を否定する～、今更～~~ 行ったコメント
を深堀っていくと新しい発見があったりするので そんなに嫌い
はない。(ただ単に負けず嫌いなだけかも知れないが)

3/8(月)
am: 13mile   pm: 7mile

我来肯尼亚的理由

为了备战东京奥运会，我于2021年1月来到肯尼亚。平常都是先提高训练强度再做高海拔训练，但这次在训练初期我就来到了位于高海拔地区的肯尼亚。

这是我第二次来肯尼亚参加集训。第一次是差不多一年前的东京马拉松赛前，那是最后一场能取得参加东京奥运会参赛资格的比赛。

我之前都在美国科罗拉多州博尔德进行高海拔训练，但是由于去过很多次，已经习惯了当地的环境，我发现自己的训练方式完全固化。我想让自己在不同的环境中获得新的刺激。因此选择了肯尼亚，实际上这里的环境也非常适合我，我决定备战东京奥运会期间就在肯尼亚参加长期集训。

肯尼亚的海拔比博尔德更高，聚集了世界各地的跑者，所以有很多一起训练的伙伴。而且这里最大的魅力就是能够让我专注于训练。

无论是在日本还是在美国，我每天都会从电视和网络上收到各种各样的消息，例如新冠感染的人数、国际奥林匹克委员会和日本奥林匹克委员会的回应以及东京奥运会到底能不能顺利举办等，就算是自己不想知道的事偶然也会传入耳朵里。我还没有强大到可以战胜这些汹涌的信息浪潮，如果身处其中的话，多少会被卷进去，便不能保持平和的心态专注于训练。

在肯尼亚的话，只要不主动关注，就不会有任何事情传到我耳朵里。我不需要看那些自己根本不想看的东西，所以杂念会比较少。这样我就能远离那些干扰训练的信息，一心专注于加快速度。减少杂音，就是我选择来肯尼亚最重要的理由。

来了一个月之后，我觉得自己比上次来轻松多了。在日本训练虽然也是跑一样的距离和速度，但我总是杂念很多，想着要做这个、要做那个，总有很多让我分心的事情。现在无论好坏，我的情绪都毫无波澜，有种轻快的感觉。

少了情绪上的起伏，我更能集中在训练上了。我本来就喜欢田径运动，一直想跑得更快，理所当然地想让自己身处能百分之百专注的环境中。单纯的事情本来就应该单纯地面对。其实就是这样而已。

这次的集训预计长达 7 个月。一方面是因为新冠疫情，无法轻易地往返于两国，另一方面是我从来没有在高海拔地区训练这么长时间。这次的决定是好是坏？谁也不知道以后会怎么样。但是不管这次的新挑战是不是为了东京奥运会，它都会成为我宝贵的经验。与其担心无法预知的未来，在东京或美国进行一成不变的训练，还不如着眼于东京奥运会以外的目标，为了自己的进步而专注于训练，这样更有意义，也更像是我会做出的选择。

离开日本，意味着我必须放弃与家人和朋友一起相处的时间，还有美味的食物和舒适的生活。然而放弃之后，我才发现自己能更加平心静气地跑步。如果说我有什么特殊能力的话，可能就是这种"勇于放弃"的决心吧。

肯尼亚集训的据点是位于海拔约2400米的伊腾镇。因为海拔很高，所以整年都是早晚较冷的天气。白天如果天气好的话会很热，但是有别于日本和内罗毕，这里的暑热很温和。

每周的行程大致都是固定的。一、三、四、六是轻松跑的日子。原隶属日清食品的选手伦纳德·巴尔索顿和原隶属斯巴鲁汽车的选手兰卡特·克莱蒙特在此地组了一个小团队，有时我会和他们在宿舍附近的红土路上一起训练，有时一个人训练。

在肯尼亚，有很多运动员会根据自己当时的身体状况，不遵守设定好的时间而加快配速。我并不希望这样，但我认为，无论在什么情况下都能按照自己的节奏跑步，这对自己的心态真的有很大帮助。

不过，当有人试图稍微加快步伐时，我确实会感到恼火。很多人一起跑时，也经常是大家一边跑步一边聊天。因此，当我想独自思考，或者想按照自己的节奏跑时，我就尽量一个人跑。

星期二和星期五是训练日。我会到15分钟左右车程的公路或1小时车程以外的田径场训练。

星期六或星期日是长距离跑训练日。有时候从早上开始跑2.5~3小时就结束，有时候下午也会稍微跑一下。

我每个月乘飞机到航程1小时左右的内罗毕待上一个星期。内罗毕的海拔是1700米，比伊腾镇要低，所以在这里主要进行速度训练。例如以每公里2分30秒的速度跑上12个回合。内罗毕有日本餐厅，住在内罗毕的时候，跑步的里程数会减少一点，所以对我来说算是比较放松的时间。

一直进行高难度训练的时候，动力很重要。训练结束后我会去蒸一个小时桑拿，蒸完之后来杯啤酒，这对我来说是最棒的奖励了。这个奖励简直太美好了，美好到有点罪恶感（笑）。由于肯尼亚海拔很高，很容易喝醉，身体也很难恢复。之前去新西兰人赞恩的训练营喝酒，那里海拔3100米，我很快就醉了，在那之后好几天状态都不好。偶尔我也会犯这种错误，但平常我尽量不做损害身体的事，每天大量饮水，喝啤酒也控制在1~2瓶的量。

这次，我想在肯尼亚为我发起的"杰精英"项目建一个营地，所以训练之余也在寻找合适的场所。老实说，我并不认为只有来肯尼亚跑步水平才能有所提高，我更看重的是走出日本就能学到更多的东西。

上次来肯尼亚时，我在训练和日常生活中受到很多人的照顾，多亏了他们，后来我才能打破马拉松比赛的日本纪录。但是，他们后来在肯尼亚找工作很不容易，生活也很不稳定。新冠疫情发生以来，我每两个月左右就会资助克莱蒙特一次生活费，但我一直在想从长远角度来看到底能为他们做些什么。

后来，我意识到，如果能在这里建立一个"杰精英"项目的训练营，不仅能通过高海拔训练增强日本运动员的实力，还能为肯尼亚运动员们提供就业和生活保障，也能让他们对社会有所贡献。

如果你身在日本，就不可能了解这些事情，即便别人告诉你，不是自己亲身经历的也很难产生共鸣。当然，训练是最重要的，但除此之外肯尼亚也为我提供了一次宝贵的机会，让我努力充实自己。

当然，在同样的环境中，有些选手能够意识到，有些选手意识不到，但我相信年轻的选手还是会有些感触吧。

不过，我也深切体会到非当地人在肯尼亚想要建立营地的难度，我去租营地场所时经常会被房主哄抬房价，这将是我今后在肯尼亚需要解决的问题。

2021年3月11日

如何应对社交网络

推特、照片墙、优兔、抖音……现在运动员们在社交网站上发言的渠道越来越多。我看到网上有很多人说一些关于东京奥运会的场面话，还有一些只是单纯跟风的评论。实际上国际奥林匹克委员会并不想也不会征求我们的意见。所以目前选手说什么都没用。

从肯尼亚看日本，我的感受是，很多选手只会跟风发言，没有任何实质内容。当然，直言不讳并非坏事，但对于选手来说，行动才是第一位的。我认为，重要的是以行动证明自己的言论，从而使人信服。

当然，东京奥运会对我们来说是最好的舞台。但是，即便东京奥运会没有如期举行，也并不意味着我们为这一天所做的全部努力都付诸东流。没有了最好的舞台，也还会有其他世界级赛事，我们的故事也会继续下去。有人说"我们没考虑其他选手或其他项目",但我认为大家都在考虑其他的选择了。

虽然我来肯尼亚是想"消除噪声",但我也有喜欢网络自搜的一面。社交网络其实充满了杂音。我这样想着,来肯尼亚之后又开始在优兔上开设账号,这成为新的杂音,我真是矛盾啊。

事实上,当我在优兔上投稿时,收到了一条评论,说他们有点失望。对此,我在推特上用讽刺的语气加以回复。当然,我也有不了解自己的一面,并无意否认别人的感受,但一个人有很多面,为什么要把自己想象中的形象强加于人呢?我发表评论是因为我就是我,这一点绝对不容商量。我们选手并不是在给观众提供仅供欣赏的情色片表演。我觉得这是让人们了解这一点的好机会。

同时,我也在社交网站上进行各种宣传和营销活动,生活在这个时代确实不能将其完全拒之门外。

即使我们在马拉松比赛中创造了日本纪录,知名度也比不上棒球选手或足球选手。即使创造纪录的那一瞬间备受瞩目,或我们在竞技体育界享有一定知名度,但普通的大众对我们又能有多少真正的了解?我觉得不管我们创造了什么样的纪录,如果只会跑步的话,我们的地位永远都不会提高。再小的比赛,总有一个冠军。赢了之后,我们给自己增加了什么价值?我们应该如何表达想法?

我认为选手应该多思考一下，自己到底想成为什么样的选手，想给自己贴上什么样的标签。

可能会有孩子仰慕我们，想要开始从事体育运动。我相信，努力让更多的人了解我们，不仅能提高选手的地位和知名度，还能促进竞技体育的发展。

与其只满足于胜利的果实，不如将其作为自我表现的一种手段。在这个时代，就需要这样的行动。

2021 年 3 月 11 日

从失败和输掉的比赛中学到的事

2018年10月,我在芝加哥马拉松赛中打破了日本纪录。在那之后的三年里,发生了很多事。

2019年3月的东京马拉松比赛中,由于罕见地出现倒春寒,气温极低,我的身体完全无法动弹,我觉得继续比赛下去也没有意义,于是在29公里处退赛。

赛后,社交网站上有人觉得这很合理,也有人发表了不同意见。同样,我心中对自己的评价有好有坏。

我也在想,我是否没有能力跟上领先者的步伐,放弃是不是我的弱点,我是否已经满足于在芝加哥创造的日本纪录,而在东京马拉松赛中没有足够的动力?我还感到内疚,因为我把注意力放在了比赛之外的事情上,想着比赛结束后就可以和朋友们出去玩了。比赛结束后的一两个月里,我还一直追问自己。

我天生容易多虑。我曾以为搬到美国后，就能控制自己了。但回日本后，我听到很多关于谁有可能获胜的消息，沉浸在这种氛围中，我又变回了以前的自己。

我与教练和心理医生讨论过这些问题。他们告诉我"你是考虑到对身体有伤害才选择退赛，这并不奇怪"，"你在比赛中已经尽了全力"，"你能站在起跑线上就已经赢了"，等等。这些话对我帮助很大。当然，我并没有立即表示认同，但我也承认自己确实经历了艰苦的训练。这场比赛让我真正面对自己，帮助我更快成长起来。

在2019年9月15日的MGC中，我却彻底失败了。毫无疑问，我很沮丧，原本计划获得第二名并代表日本参加东京奥运会的，但说实话，赛后我真切地感到如释重负、神清气爽。

我本来以为设乐悠太选手会在那场比赛中夺冠。他开始的节奏很快，所以我估计他后半程会减速，结果我俩之间的差距越来越大，我有些担心了。当时，我所在的第二集团都在关注我的表现。其他选手不断变换着位置，逐渐加快速度，其实比赛中有人追上来也很正常。但是大家都在看我的表现，结果整个集团反应得太慢。如果不追上第二名的选手，差距拉得很大，岂不是再也追不上了……

按照我本来的风格，我喜欢跑在领先集团的后面，但这次杂念太多，导致自己一直往前冲，腿用得很多。最终我没有考虑排名的情况而只是一个劲儿地拼命奔跑。

这次MGC中，我从前面的两位选手身上学到了很多，也再次意识到保持节奏的重要性。如果没有输得那么惨，有些事情是无法意识到的。我觉得我从这次失败中收获颇丰。

正因为积累了两次失败的经验，我才能在2020年的东京马拉松赛上冷静应赛。当第二集团开始提速，逐渐拉开距离的时候，我只是想着"啊，要被超越了"，仍然保持自己的节奏继续跑下去。结果，我就打破了日本马拉松纪录。

不过，我知道我的日本纪录不会保持太久。我以为要破纪录的话，那一定是在东京或柏林等地的高速比赛中。然而铃木健吾在风势很强的琵琶湖每日马拉松（2021年）上创造了新的纪录，这让我感到非常惊讶。

更有趣的是比赛过程：在36公里左右之前，配速员以每公里不到3分钟的速度领跑，而到了36公里补给站附近之后，铃木全速起飞。我认为，因为新冠疫情，琵琶湖马拉松比赛没有邀请外国选手参加，只是一场日本人的比赛。在世界上主要的马拉松赛事中，选手都是以2小时1分到2小时2分完赛的目标设置配速。如果我们想跟上他们的步伐，肯定会超过平常的配速。但是，如果我们按照日本选手设定的配速去跑，努力跟上他们的步伐，最后阶段再加速的话，那么我们也能跑出那样的成绩。如果有更多这样的比赛，我想日本的马拉松纪录会有更大的提升吧。我希望今后能为日本选手举办更多这样的赛事。

  当铃木健吾打破日本马拉松纪录时，我也感到扬眉吐气了。与此同时，我成了前日本纪录保持者，感到自由了许多。如果我是日本纪录保持者，有些发言可能会被认为是讽刺性言论，但我成了前纪录保持者，就更容易畅所欲言了（笑）。

  无论如何，我认为这对日本选手来说都是好事。人才的更替本来就是每隔一段时间会发生的事。我希望这种人才的更替不会随着我们这一代的结束而结束，而是会传递给下一代。

2021 年 3 月 11 日

传承给下一代的东西

我还能跑多少次马拉松呢？也许没有那么多次了。因此，我认为我们这一代人不可能突然达到国际水平，这不现实。因此，过去几年里我一直在想，我们不如把目光投向5年、10年或20年后，建立一个体系，把我们学到的东西传授给下一代选手，这样才能与世界上其他国家的选手势均力敌地竞争。

此外，我还担心因新冠疫情而取消比赛后，大学生们的积极性会受影响。由于东京奥运会延期举办，我也有了一些时间，想尝试一些新的挑战。

2020年初春开始，有一些线上比赛和慈善机构来找我谈合作，但我总觉得不是我想要的。在一两个月的时间里，我认真梳理了自己的想法，最终决定在2020年夏天启动"杰精英"项目。为了让日本选手能够与其他国家的选手同台竞技，我想建立一个体系，为那些愿意走出所属队伍、追求强大实力的选手提供支持。

首先举办的活动是为期一周的大学生夏季集训。我想，如果参加者并没有做好准备，那也起不到多大的作用，所以我设定了参与标准，通过公开招募来提高准入门槛。

与其说我在这次集训中教他们什么，不如说是希望他们能亲眼看着我为参加东京奥运会坚持训练，从而有所感悟，有所收获。事实上，一些我认为理所当然的事情却让选手们大吃一惊。

在早上有训练（重点训练）的日子里，我的早餐只有一片面包和一杯咖啡。但他们的早餐通常会吃得很丰盛，他们心里还想："真的是在吃饱的时候开始训练吗？"明明重点应该放在训练上，但他们想都没想照常吃早餐。既然知道早上要训练，就应该动脑子，灵活应对。

有时候训练太辛苦，五脏六腑都累了，我反而吃不下饭。但我还是会跑。长时间不饿是不可能的，想严格按照三餐的时间进食也是不可能的。吃得下的时候再吃，不能因为吃不下饭就减少训练量或降低训练质量。

马拉松就是在感觉累的时候还继续跑下去，不是吗？我的话，如果一心以破纪录为目标，即使状态很差，也会全力以赴。我认为平常的训练态度会影响选手在比赛中的表现。

除此之外，与他们集训的另一个重点是会议。所有选手都非常贪心，想在仅有一周的训练时间中获得各方面的提升。但更重要的是，正确把握自己当前的能力，然后在艰苦的训练中努力拼搏。我不仅与大学生们探讨了这个问题，让他们独立思考然后有目的地训练，还与他们的大学教练分享了每个学生的训练日程。因为学生们的认知和教练的意见并不总是一致的。我通过与教练的意见进行比较，努力制定出合理的训练日程。

冬季，我们还为小学生举办了儿童活动。针对这些年龄尚小的学生，我们通过游戏介绍了田径运动的乐趣，还关注了他们的"梦想"。

例如，我从小就有一个成为奥运会选手的伟大梦想。但是，当时还是个孩子，我不知道如何才能实现这个梦想。我到底要怎么做才能靠近我的梦想呢？我认为，不仅仅是田径比赛，对于所有梦想，将其细化、明确都是有效的。孩子们的选择范围很广，因此我希望继续开设一些课程，拓宽他们在比赛之外的视野。

教大学生很简单，但要把所学的知识教给儿童，是一件非常困难的事情。这次活动让我深有感触。我认识到不能只教自己想教的东西，还必须将自己靠感官了解的知识整理好，用语言表达出来。我还意识到设身处地为选手们着想、一起思考一起训练以及照顾选手们情绪的重要性。这些都是我在和大学生集训时从未想过的。

所做之事虽然不同，但每次经历对我来说都是一次学习。现在我正忙着备战东京奥运会，但奥运会之后，我希望"杰精英"项目能踏上新的征程。

2021年3月11日

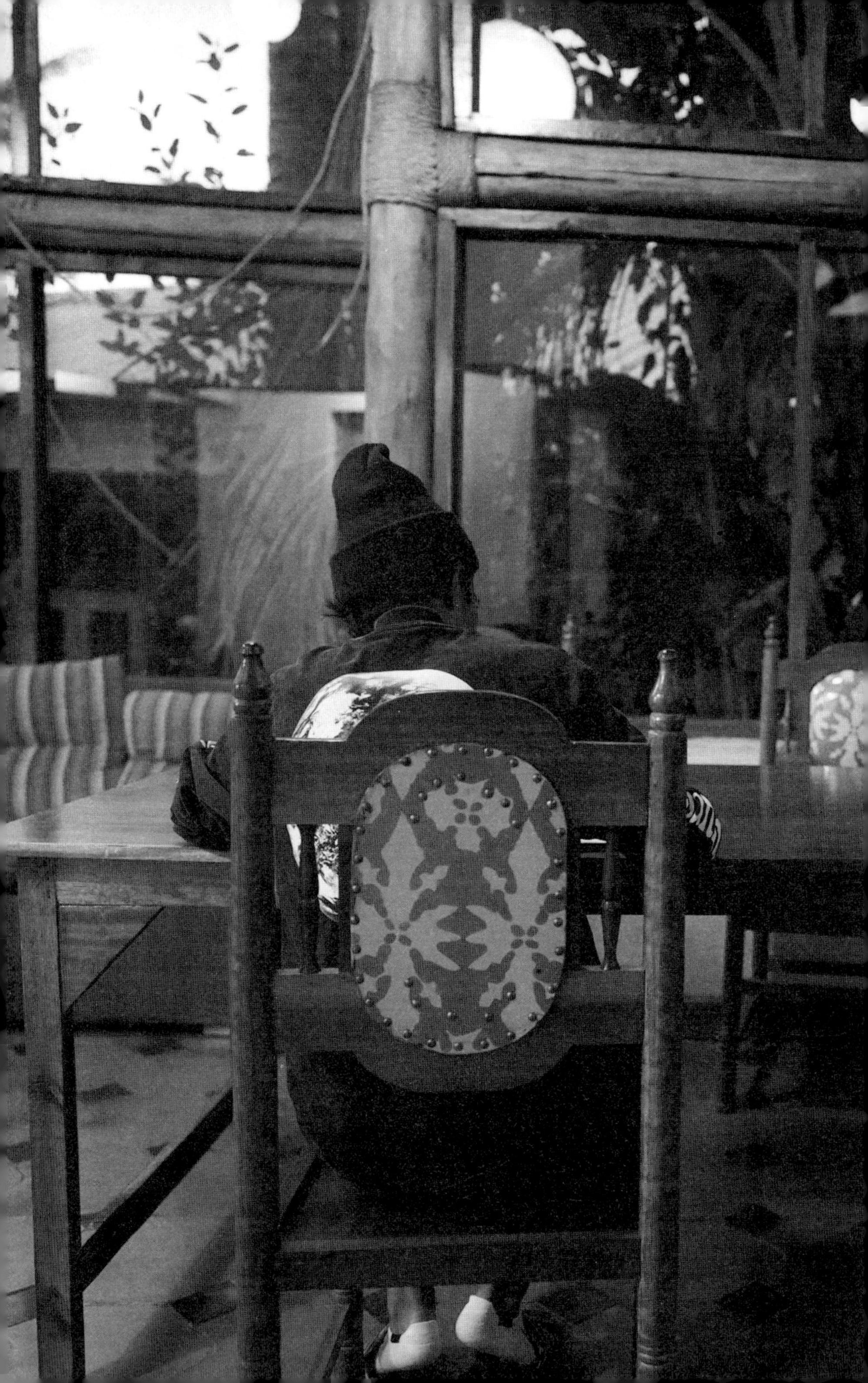

2021-3-9 至 2021-3-31 in Iten, Kenya

肯尼亚伊腾镇训练日志

3月9日 星期二

雨

上午　14英里

下午　 7英里

合计　21英里

3月10日 星期三

雨

上午　13英里

下午　 7英里

合计　20英里

3月11日 星期四

晴

上午　14英里

下午　 7英里

合计　21英里

　　今天是哥哥的生日。我说过要送他一瓶酒，但还没送。哥哥是一名取得资格认证的急救员，前段时间他参加了我在日本组织的一次面向儿童的跑步活动，为我们提供了很大的帮助。

3月12日 星期五

晴

上午　训练[1]

下午　7英里

3月13日 星期六

晴

上午　12英里

训练中随着距离增加而感到疲惫时，我就会对一些小事感到恼火。即使是无关紧要的愉快谈话，也会让我产生消极情绪，但如果是在休赛期听到，就没有丝毫影响。

优兔上有位DaiGo先生说过，过多地跑步[2]会增加一种叫作皮质醇的应激激素，从而让人变得易怒。他说，跑步不会让你减肥，因为皮质醇会增加你的食欲。所以，从健康的角度来看，跑太多对身体不好吧。确实是这样啊。我妻子经常对我说："你怎么这么暴躁，像在生理期似的。"也许真是激素的原因影响了情绪，尽管如此我还是要继续跑下去。

我常对自己说，别为了那些毫无益处的琐事而焦虑，而事情

1　重点练习。此后详情未公开。——原书注
2　超过45分钟的有氧运动。——原书注

真发生的时候我又毫无办法了,只能听之任之。不过我能认识到这一点也很重要。

3月14日 星期日
晴

上午　长距离跑 23 英里

　　弟弟离开了伊腾镇。他在这儿待了三个星期,协助我拍摄了广告片和杂志照片。

3月15日 星期一
雨

上午　13 英里
下午　7 英里
合计　20 英里

　　弟弟走后,我有了更多的时间独自思考。我才意识到原来弟弟的存在也是一种杂音。这显然不是弟弟的问题。但在肯尼亚,我确实也通过弟弟收到了来自外界的各种要求和很多信息。
　　其实弟弟也很不容易。他刚刚开始做我的助理,而且是第一次做。他既是我和公司之间的纽带,也是我们之间的屏障。他的工作就是协调我和公司之间的关系,把我的想法传达过去。其实很难找到合适的平衡点。我也是第一次和弟弟合作,不管怎样我作为哥哥,身上的担子更重。我必须准确地向公司传达我的想法。与作为运动员的压力不同,这是一种来自比赛之外的压力。

3月16日 星期二

雨

上午　训练

下午　7英里

3月17日 星期三

雨

上午　14英里

下午　7英里

合计　21英里

一个新的赞助商想把宣传视频放到优兔上,所以我们决定还是开设一个自己的账号,结果就出现了一些之前隐藏起来的反对派。真烦人啊。我明白实在是没办法,但如果他们觉得因此而打败我了,我真的很生气。今后很长时间内这些真实的体验都会伴随我成长吧。我想我会慢慢适应。

我需要在东京奥运会之前全力备战。职业生涯何时结束仍是个未知数。简单来说，现在是获得粉丝的最佳时机。

我在推特、照片墙、优兔、Clubhouse和许多其他网站上都有自己的账号，但照片墙最适合我。我可以在想写的时候认真思考之后再写。而像在Clubhouse上那样灵光一现有话就说很难。有些人能做到，但我不是那种人，我喜欢像拼图一样把想法一块块拼起来。后来我就干脆不在Clubhouse上发内容了。

3月18日 星期四
雨

上午　10英里

下午　7英里

合计　17英里

3月19日 星期五
雨

上午　训练 10英里 节奏跑

下午　7英里

合计　17英里

彼得教练从美国俄勒冈州来，这是我们自去年11月会面之后的重逢。这次他会待两周。我们谈到了产品和包装。产品指的是如何提高"自己"这个产品的质量，包装是指如何让"自己"这个产品表面看起来以及实际上都更漂亮。我还就彼得教练写给整个团队的电子邮件发表了自己的看法。

3月20日 星期六

雨

上午　12英里

下午　7英里

合计　19英里

今天去看了位于伊腾镇西南埃尔多雷特的一处房子，看适不适合作为"杰精英"项目的营地。一开始我觉得内罗毕附近比较好，但后来又觉得还是伊腾镇更适合马拉松训练。伊腾镇地处乡村的优越位置，运动员们打开门就可以跑步。但在伊腾镇的话，我们必须自己买地建房。这又需要额外的时间和精力，因此开始看其他地方的房子。我们到底应该从哪里着手呢？希望能在东京奥运会之前找到方向。

3 月 21 日 星期日

雨

上午　长距离跑 24 英里

　　我在优兔上与竹井尚也进行了一次对话，他曾是早稻田大学田径队的队员，现在是东京大学的特聘研究员。主题跟他的专业——低氧训练有关。我在四五年前开始进行低氧训练，现在已经完全习惯了，但能再次听到在高海拔低氧训练中应该注意的事项感觉也很好。既要有科学的方法，也要有基于主观感觉的方法，并在两者之间取得良好的平衡，听他这么说我很高兴。不过，总之必须竭尽全力，多多跑步。

3 月 22 日 星期一

晴

上午　13 英里

下午　7 英里

合计　20 英里

3 月 23 日 星期二

晴

上午　训练

从早上开始我身体有些不舒服。这种情况我在马拉松训练中常有。免疫力下降就会喉咙痛，还有鼻塞。在俄勒冈州的时候，我还被孩子传染了感冒。肯尼亚灰尘较多，所以嗓子有时会很痛。之前集训时我也出现过这种情况，这次可能也是这样。

3月24日 星期三

晴

上午　14英里

下午　7英里

合计　21英里

我的状态还不是很好，但我恢复了训练。生病的时候我一般会在1~2周的时间里边训练边康复。我还喜欢在每周的前半段多跑些距离，这样即使中间休息一天，每周的总跑量也不会减少多少。2月参加聚会时，我预料到会宿醉，所以在前半周多跑了些距离。

但这次彼得教练有点担心了。

3月25日 星期四

晴

上午　13英里

下午　7英里

合计　20英里

新冠疫情正在内罗毕蔓延，看来这个月我无法去那边训练和放松了。我已经在伊腾镇待了2个月，一直这么待下去倒不是什么难事。我感觉身体也有点疲劳，宁愿不到处跑。

3月26日 星期五

雨

上午　训练

下午　5英里

由于新冠疫情，内罗毕和其他5个主要城市被封城。而伊腾镇的气氛并不紧张，大家还是和以前一样，不戴口罩。

我想起了在俄勒冈州的家人。

自去年东京马拉松赛结束后，我从3月底一直陪他们到7月中旬。但是下半年以来，我经常参加集训。先是9月，我在"杰精英"项目的训练营待了几周的时间，10月我去了美国亚利桑那州弗拉格斯塔夫参加集训。之后，我又直接参加了12月的日本马拉松锦标赛，并参加了10000米比赛。之后，我在日本休息了一段时间，但见面的机会并不多。我们大约有9个月没有在一起。

一旦安静下来，有了自己的时间我就会想起家人，感觉有点孤单。

也许是因为我发现了一张6年前11月拍的照片。今天我把照片发布在照片墙上了。这是搬到俄勒冈州时，我和孩子一起玩耍的照片。

"对了解我的人不需要解释太多，我到底多么热爱跑步，多么希望取得成绩，以及为了取得成绩做出了怎样的牺牲。

"东京奥运会，这是我一直以来为之努力并坚持至今的目标。

"但现在，不幸的是它不一定能如期举办。

"我们很可怜吗？我并不这么认为。因为过去7年里我为东京奥运会不停拼命奔跑的记忆和我的收获永远不会消失。

"马拉松这项运动中，实现最终的目标会带来巨大的快乐和价值。但我相信，经历这个过程同样有价值，甚至更有价值。

"我今天对着这张照片，在心中发誓，无论东京奥运会举办与否，我都将无愧于自己，朝着自己设定的目标全力奔跑。"（引自照片墙）

3月27日 星期六
雨

上午　训练 5×200米

训练结束后，我从经常停留的商店附近步行100多米回酒店，路上几个警察冲了过来。我心里想着到底怎么了，他们说："你没戴口罩，你被捕了！"伊腾镇没有明确规定，而且周围的人都告诉我跑步或训练时不需要戴口罩，所以我才这样跑步。他们拉着我的胳膊，差点儿把我拖进一辆看起来像军用车辆的卡车里。我努力跟他们沟通了5~10分钟，要求他们等一下，酒店马上就到了，而且我也没带手机，没办法通知护士和教练他们，终于他们让我回到了酒店。酒店的工作人员和教练在一起，他们很诧异，难道警察逮捕了一名运动员？他们帮我解释说我只是在跑步，警察们终于明白过来。

彼得教练因此变得很焦躁，他说肯尼亚的封控太糟糕了，我们必须离开这里。于是我们开始考虑离开的办法。今天是星期六，下星期一或星期二从埃尔多雷特飞往内罗毕的飞机可能会停飞，所以要想立刻离开的话，马上就得去做核酸检测。我们马上在埃尔多雷特找了一个可以在一小时内完成核酸检测的医院并赶过去接受了检测。医院里人们没有任何社交距离的概念，收费处那里大家甚至都在推推搡搡。

想到从这星期二开始就感觉不舒服了，也许我已经被感染了。

3月28日 星期日
上午　长距离跑 22英里

今天彼得教练急忙赶往内罗毕准备坐飞机离开。因为签证，我本来也不能在肯尼亚待满6个月，中间本打算出境一次。如果一切顺利，我打算4月初去意大利比赛，在那里待上一两个星期。但我了解了一下，从意大利返回美国可能也会因疫情受到限制，尤其是对持签证的人。我本来就打算回趟美国，与其绕道去意大利参加比赛，还不如提前回美国参加美国的比赛，这样不是更明智吗？我原本也没打算跑完意大利的比赛，完成20~25公里就行。比赛在托斯卡纳进行，我只是想去那里转转而已。

3月29日 星期一

内罗毕 晴

我仍在咳嗽和流鼻涕，于是去了内罗毕的一家日本实验室再次进行核酸检测，以确保万无一失。

3月30日 星期二

内罗毕 晴
上午　5点开始训练 x×3分钟
合计　50公里

在埃尔多雷特进行的核酸检测结果呈阴性，我终于松了一口气。我一直感到很紧张,但想到可能会见到我的女儿们,我也很高兴。

由于明天要搭乘航班飞往美国,我无法早起跑步,所以今天一大早就起来跑了更长的距离。

今天先前往多哈。在机场的一家酒店过夜,然后我在健身房跑了13公里。

今天是结婚十周年纪念日,我给妻子送了花。

3月31日 星期三
多哈 晴

飞往美国俄勒冈州波特兰。

上传到照片墙的照片。摄于 2015 年 11 月,一家人刚开始在俄勒冈州波特兰生活的时候

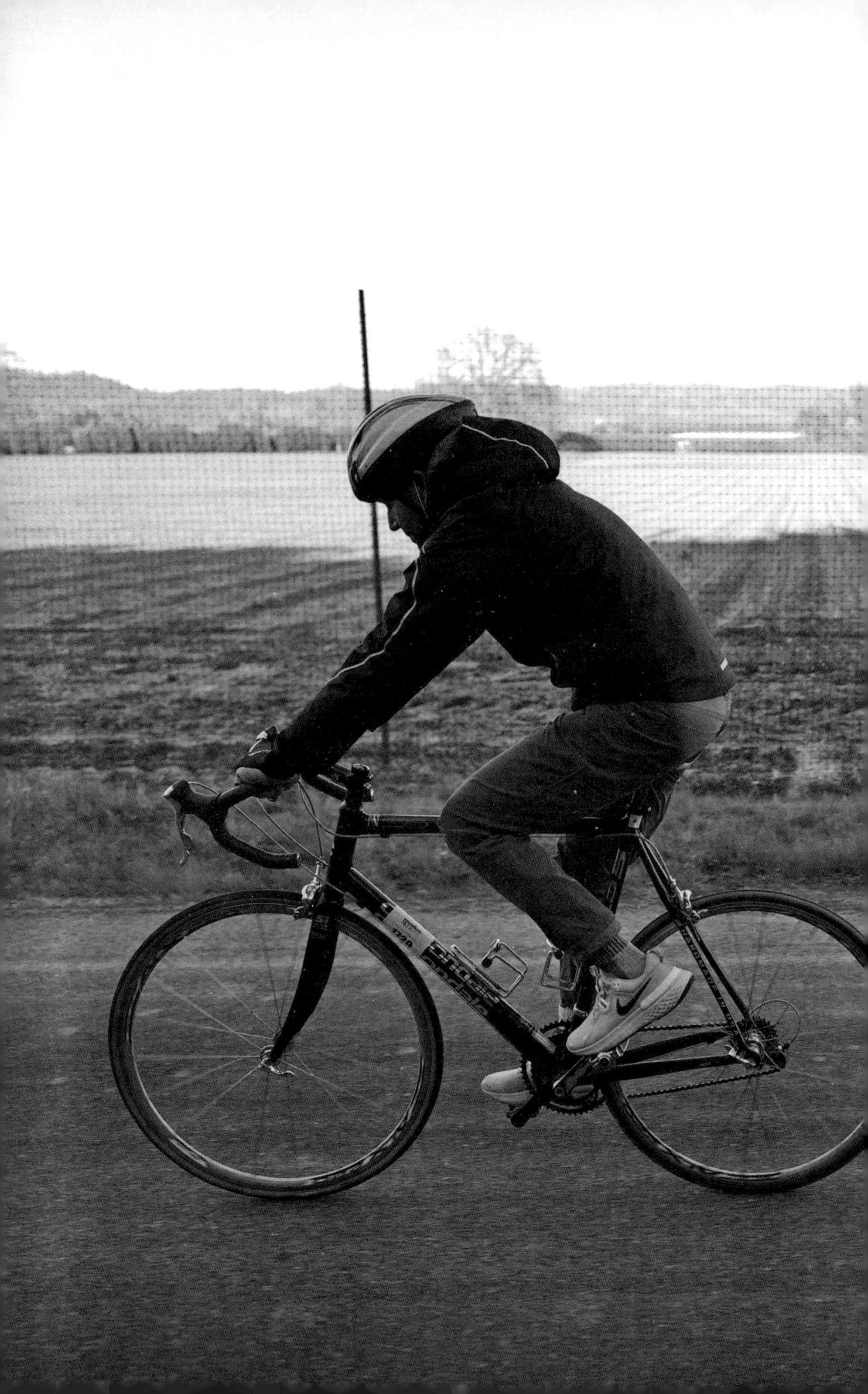

2021-4-1 至 2021-4-19
in Portland, Oregon
俄勒冈州波特兰训练日志

4月1日 星期四

波特兰　雨

　　32小时后,我终于回到了阔别三个月的家中。我没有提前告诉孩子们,想着给她们一个惊喜,结果她们出乎意料地很平静。

4月2日 星期五

晴

上午　训练

下午　7英里

　　美国的疫苗接种进展很快。无论是否为美国公民,都可以接种,首先从医护人员开始。俄勒冈州将从4月中旬开始接种,我马上就预约了。如果有哪个州可以提前接种的话,我可能也会专程去那里。

4月3日 星期六

雨

上午　12英里

　　回来后我的睡眠时间增加了。我之前在高海拔地区一直进行着艰苦的训练，身体并不能及时得到恢复，一回到平原，积累的疲劳就释放出来了。

4月4日 星期日
雨
上午　长距离跑 25 英里

4月5日 星期一
雨
上午　13 英里
下午　7 英里
合计　20 英里

4月6日 星期二
晴
上午　训练
下午　7 英里

4月7日 星期三
雨

上午　14英里

下午　7英里

合计　21英里

我终于恢复了状态。本周是稍微减量的一周。跑量虽然减少了，但我在努力提高速度。上周由于舟车劳顿，身体没能好好休息，所以暂时的目标是恢复身体，同时提高速度。

4月8日 星期四
雨

上午　10英里

下午　7英里

合计　17英里

4月9日 星期五
晴

上午　训练

下午　7英里

这几天，我和家人在一起休闲放松。

今天，我与一位耐克日本公司的前员工一起吃饭。自从我

2012年第一次来到俄勒冈州就一直很照顾我。到现在已经9年了。在此期间,有很多朋友为我提供了帮助,我才能走到今天。有可以信赖的朋友真的很重要。一想起来,过去的事情就像电影一样在眼前回放,据说临终前"记忆会像走马灯一样在眼前闪过",原来是这种感觉啊。

4月10日 星期六
晴

上午　12英里

4月11日 星期日
雨

上午　长距离跑 21英里

4月12日 星期一
晴

上午　13英里

下午　7英里

合计　20英里

4月13日 星期二

晴

上午　训练

下午　7英里

4月14日 星期三

晴

上午　10英里

下午　6英里

合计　16英里

4月15日 星期四

晴

上午　10英里

下午　3英里

合计　13英里

4月16日 星期五

晴

上午　训练

下午　6英里

我 18 日要参加半程马拉松赛，所以去附近慢跑的时候顺便看了一下路线。虽然是正式比赛，但赛道并不全是公路，还夹杂着小路。我想："在这种情况下，我不可能跑得很顺畅。"于是，我和教练商量后决定独自前往波特兰北部的索维岛进行训练。

4月17日 星期六
晴

上午　10英里

为了准备比赛，我在过去一周里把跑量减少到了70%~80%，因此身体感觉很轻松。我把在肯尼亚的训练看作东京奥运会之前的训练周期，因此想以这次比赛作为训练的总结。当然也是为了定期在比赛中找找感觉。结果便成了我独自一个人训练，但还是想跑出跟正式比赛一样或者超越正式比赛的成绩。

4月18日 星期日
晴

半程马拉松赛于上午8点开始。彼得教练骑自行车引导着我，我以每公里2分55秒至2分56秒的配速跑着。我的目标是62

分，最终跑出了 61 分 19 秒的成绩，还算可以。自我感觉不错，像没当成比赛，我一点也没紧张，心情轻松地跑完了。

4 月 19 日 星期一

晴

上午　8.5 英里

2021 年 4 月 18 日的半程马拉松赛

波特兰对我的意义

我于2020年11月离开美国俄勒冈州波特兰返回日本,至今已有5个月。如今我又一次回到波特兰。在与久违的家人团聚的日子里,我一直在问自己:"波特兰对我来说意味着什么?"回顾过去,我开始思考。我原来就不是喜欢回顾过去的人,也许如今我的想法已经发生了变化。

6年前搬来这里时,我还不会说英语,甚至不知道开银行账户需要准备哪些文件,由于缺失文件,不得不跑了好几次。车上贴着"实习"标签开过的那些路,成为最恐怖的体验。那时生活中的一切都不顺利,每天都过得乱七八糟。因此,当团队要求我搬到俄勒冈州时,我并没有过多地考虑未来,而是觉得想太多的话反而会更担心,干脆搬过去再说吧。现在想想我当时肯定是感觉有点麻木了。

我大学时代第一次参观耐克的"俄勒冈计划"时，心想"原来他们的体能训练如此之多啊"，"原来世界顶级运动员的训练如此艰苦啊"……感到十分惊讶。因此，当我加入这个计划时，我决定不质疑训练方法，而是首先要信任彼得教练，努力训练。那时候我们是师生关系，他非常详尽地向我解释了训练方法，这与在日本时教练与运动员之间的关系完全不同。

接下来一起训练的6年中，我们的师生关系逐渐发生了变化。现在我们之间是平等的，可以互相表达真实的想法。彼得会站在教练的立场做出判断然后给我建议。我作为运动员进行反思，也提出自己的意见。彼得尊重我反馈的意见，然后做出调整。无论是作为一个人还是一位教练，彼得都值得尊重。我认为我们现在的关系是最好的，就像向着同一个目标前进的战友。

2019年10月，"俄勒冈计划"解散的当天，我通过耐克公司的电话得知了这件事。

"'俄勒冈计划'已正式解散，但是我们向你保证，耐克公司将一如既往地提供支持。请放心。"

他们还说，我与彼得之间的关系将一如既往，因此团队解散并没有让我动摇。

"俄勒冈计划"解散后，彼得成立了自己的团队。但我和他的团队之间保持着距离。参与"俄勒冈计划"的确让我变得更强了，但是否是因为"俄勒冈计划"才变强的呢？也许在其他环境中我也可以随着训练和成长变得更强。

虽然我在马拉松比赛中取得了一些成绩，但我在"俄勒冈计划"团队中的优先顺位仍然很低。没有得到过任何奖金，也没有受过特别的优待。"俄勒冈计划"因兴奋剂丑闻受到影响，连我个人也遭受了怀疑。因此，解散的时候我站在自己的角度反思，加入这个团队到底有什么好处。结果发现，除了认识了彼得，我没什么其他的收获。

"如果我加入你们的团队，我能从中得到什么？"

我向彼得表明了我对"俄勒冈计划"的看法，他也很尊重我的意见。至今我还是很尊重彼得，而且我觉得他也尊重我。

有一次，在2020年东京马拉松赛之前，彼得说他太忙了，无法参加我的集训。他的确管理着很多运动员，真的很忙，但那是他个人的选择。他其实可以限制运动员的人数，就不用过于忙碌。这样一来我也不会受此影响。

我最后给他的回复是："你可以不来我的集训，也可以不来东京。如果不来的话，你就没有资格站在我的终点线上。"最后，他调整了日程安排，来参加了我的集训。这一次我还是告诉彼得，"你可以不来"，但他还是来到了肯尼亚。

我想让自己变强的时候就会很贪婪。厌恶的东西我就明确表示厌恶，有时甚至也跟周围的人吵架。也许温柔应对、不招惹是非很容易，但这个世界并不是如此甜美，让我们这样也能挑战新事物或取得优异的成绩。短期来看，这可能只是一场争吵，或者还有彼此意见相左的压力。但为了最终得到周围人的认可，我觉得必须谨言慎行，从结果上看也有利于个人的成长。

彼得很少给我详细的训练指导。不过，彼得有时会问我："试试这样如何？"对此我也会将我的疑问告诉他，他就好好地给出说明消除我的疑虑。

我从彼得身上学到的是，作为教练，重要的不是站在运动员面前向他们发号施令，而是向他们提问，让他们思考。当然，结果如何也取决于运动员们如何回应。有些人可能感受不到，有些人可能会视而不见。但我觉得认真思索并寻找答案会让自己心情变好，也更能促进个人成长。对于不明白的事情，我会和彼得沟通自己的想法。我一直坚持着这一点。也可能只是因为我很难克制自己吧（笑）。

我现在还只是一个向教练投球的投球手身份，但我总有一天会成为一个接球手。我想创造一个环境，让运动员们能够用尽全力向我投球。

在参加肯尼亚集训之前，彼得给他指导的所有运动员群发了一封电子邮件。邮件的主题是"产品和包装"。

"每个人都太过注重包装，过于注重表面看起来有多漂亮。然而对运动员来说，更重要的是产品本身，是如何提高自身的质量。但很多运动员做不到这一点。现在我们都在使用社交网络，有的运动员太过沉迷于其中，只会谈论别人或炫耀自己。有的运动员却在肯尼亚拼命训练，磨炼自己。我相信你们也都能做到的。"

邮件中把在肯尼亚训练的我作为了比较的对象。虽然没有批评我，但读了邮件后我仿佛也被教育了："你是一名运动员，所以不要过度考虑包装。自始至终要坚持提高产品的质量。"说实话，我有些恼火。我想等彼得来肯尼亚后跟他好好谈谈这件事。

我来肯尼亚当然是为了提高自身产品的质量，但与足球、棒球等运动不同，我们这样小众化的运动，如果不去有意识地考虑包装问题，就无法实现选手和比赛价值的最大化。我明白彼得所说的同时提高产品质量和包装有些鲁莽，也十分困难。但考虑到退役后的生活，包装也是很有必要的。我想在还有时间的时候尽我所能。我也希望，我们所做的事能让未来的运动员在退役后选择第二职业时没有后顾之忧。我问彼得："你知道我是以这种心情在表达想法吗？"彼得回答说："是的，我知道。我说的是其他运动员。"

我从以前就经常和他谈论动力的重要性。我认为教练的工作就是把那些过分积极或拼命的运动员拉回正常状态。但如果运动员本身的能力很弱，或者不够积极主动，那么教练也很难提供支援或推着他向前走。即使是"俄勒冈计划"中那些世界顶级选手，也有本该更加努力却以难以置信的速度在奔跑的时候。一方面，理所当然的是，我也担心，同样的事情会发生在我身上，或者自己可能受疲劳的影响。另一方面,我也感受到,有人靠别人的支持才能有动力,有人自己就有动力并且反过来能拉别人一把,两者之间有很大的区别。一个人即使能力再强,总是依靠别人获得动力,也是无法从根本上变强的。

当时我对"俄勒冈计划"的解散没什么想法。现在解散已经过去几年了,原来的一些队友现在也不那么拼命努力了。我最近才意识到,那个团队曾是多么美好和重要。

顶级选手都在拼命训练,受到他们激励的我们每个人当然也都努力练习。这又成为大家的动力。无论是作为一整个团队还是团队中的个人,我们都致力于赢得胜利,取得成绩。我现在才真切地意识到,这就是"俄勒冈计划"留下的宝贵财富。

2021年4月

关于低氧训练

最近,日本的低氧健身房越来越多,很多大众跑者也都在使用。我家里也有一间低氧室,我尝试在不同的地方进行高海拔训练。但是我至今都只能根据自己的经验制订训练项目清单。我一直认为有必要了解训练的效果,以便将来能够进行教学指导。

我在早稻田大学田径队的时候有位队友,是短距离组的竹井尚也。他当时是个训练狂人,现在是东京大学的特聘研究员,进行各种有关跑步的研究。

因此,在这次肯尼亚集训期间,我请他通过网络向我传授低氧训练的知识,还在优兔上发布了一段视频,想着也许对大众跑者会有帮助。

在这里,我想基于自己的经验和我从竹井尚也那里学到的知识,给大家讲解一下低氧训练。

低氧训练通常有两种方法。

一种叫"常压低氧"，即在所谓的低氧室内，减少空气中的氧气含量。

还有一种是"低压低氧"，通过改变大气压力来降低氧气密度。这就是高海拔训练。

低氧训练可以增加肌肉中的血管数量，提高酶的数量和质量。正因如此，低氧训练被认为是有助于耐力型比赛的良好训练。

高海拔训练没有严格的标准，但田径运动的话，一般海拔1000米以上就算是高海拔的参考记录了。不过，据说在海拔1500~2000米的地方很难看到训练效果的差异，所以有人认为在海拔2000米以上的地方训练效果更好。低氧健身房的氧气浓度也是按照海拔2000~3000米的高度设定的。

顺便说一下，我进行高海拔训练的伊腾镇海拔约2400米，比富士山半山腰处的五合目的海拔还高。仔细想想，在日本确实很难找到海拔2000米以上的地方进行训练。因此很多运动员去美国科罗拉多州博尔德或肯尼亚等地进行高海拔训练。

据说，当海拔上升2000米时，运动成绩会下降10%~15%。如果运动员试图以与平时相同的距离和速度跑步，就会过度疲劳。因此设置训练强度时有两个指标需要参考。

其中一个指标是血氧饱和度（SpO2）。在平地静止时，血氧饱和度几乎为100%。在海拔2000~3000米处安静站立时，血氧就会下降5%~10%，训练时会再下降5%~10%。如果想获得良好的效果，并且做到长时间训练，运动员应该使用80%~85%的负荷。

第一次进入高海拔地区时，血氧饱和度会急剧下降，但在7~10天内会逐渐上升。不过，每天的血氧饱和度也存在个体差异。如果早上测量时发现血氧指数上升，那么应增加当天的训练强度，随时根据个人的情况灵活调整比较好。在低氧健身房的话，也建议大家不要在身体还没有完全适应时增加过多负荷。许多健身房都配备了脉搏血氧仪，因此大家可以在训练过程中测量自己的血氧饱和度，检查自己是否过度疲劳。

然而，如果血氧饱和度过低也不会有什么锻炼效果。特别是在低氧健身房，因为停留的时间短，所以训练强度可以稍微大一点，你有可能会感觉有点喘不上气，但会更有效果。

另一个强度参考指标是心率。在低氧状态下，即使与平时的运动强度相同，心率也会比平时高。训练者应该保持与正常状态下相同的心率，或者如果想给自己一点挑战的话，训练强度可以比平时稍高一些，而心率维持在最大心率的90%就好。

但是，自从加入耐克"俄勒冈计划"后，我在高海拔训练中就不测量血氧饱和度和心率了。我已经熟悉了训练的感觉，会根据自己的疲劳感决定训练的强度。

比如今年在伊腾镇的时候，刚开始我以慢跑的节奏完成了

30~32公里的长距离跑训练。集训的整个周期很长，所以一开始我没有把自己逼得太紧。大约3周后，我提高了训练的强度。

因为低氧训练中无法以平地上相同的强度进行训练，所以有人说低氧训练会减少肌肉力量和肌肉量。

因此，低氧训练也有许多不同的方法。

我采取的是"高海拔生活、高海拔训练"。就是生活和训练都在高海拔地区。

另一种思路是"高海拔生活、低海拔训练"。如果只在高海拔地区训练，速度很难得到提高，于是专门去海拔低一点的地方进行速度训练。在这两种情况下，每天需要在低氧环境中生活超过10个小时，从而增加红细胞的数量，提高血液运输氧气的能力。

有一种最新的理念就是"低海拔生活、高海拔训练"。现在比较流行的低氧健身房正是这种理念的产物，日常生活在低海拔的城市环境中，只有训练时在低氧环境中进行。这种方法风险最低，因此我比较建议初学者和大众跑者采用。另外，第一次去高海拔地区训练之前，应该事先在低氧健身房进行身体的适应性训练，这样会比较有效。不过，由于在低氧健身房停留的时间比较短，因此这种方法并不能增加红细胞。

我在肯尼亚的时候，每个月会去海拔1700米的内罗毕进行为期一周的速度训练。以每公里2分40秒的速度跑12个800米。我一般通过减少回合数、减少跑步里程数来调整训练强度。这对我来说只是日常的训练，竹井尚也却很惊讶地说是"一般人无法达到的强度"，所以可能无法供大家参考。

我现在住在弗拉格斯塔夫，海拔在 2000~2100 米。离这里 1 小时车程的地方，就是塞多纳，那里是海拔 1400~1500 米的半高原。从那里再驱车 1 小时就可以到达凤凰城，海拔降至 600~700 米，几乎就是平原了，在那里身体基本上可以恢复正常状态。所以之前在肯尼亚不可能实现的"高海拔生活、低海拔训练"在这里可以做到。

以上内容都是低氧训练的优点，但它其实也有缺点。

比如，有些运动员会因为食欲不振，吃不下东西而体重下降。而我现在已经习惯了在高海拔地区的生活，所以一日三餐食欲都很好。以前我也曾经感到乏力，没有食欲。顺便说一下，我在肯尼亚的饮食习惯一般是早餐吃面包、香蕉和咖啡，午餐吃豆类、碳水化合物和汤，晚餐是炖鸡肉或山羊肉之类的蛋白质食物和碳水化合物，还有水果，偶尔还有蔬菜。我不经常喝蛋白质粉之类的东西，归根到底我的风格就是均衡饮食。

高海拔地区的睡眠质量当然会变差。由于食欲和睡眠质量都受到影响，身体的恢复就会变慢。也更容易喝醉，喝醉了还很难醒酒（笑）。

因为整个免疫系统的功能也会下降，人感觉昏昏欲睡、疲惫不堪是正常的。肯尼亚尘土飞扬，我经常嗓子疼、鼻塞。即便如此，经过一两周的练习，身体也就慢慢适应了，所以不会惊慌。

不过，这次可能是因为长时间集训太累了，回到俄勒冈州的家后，我的睡眠时间变得很长。有一两周时间我都感觉自己还没有从疲劳中完全恢复过来。即使是在这样的状态下，我仍然完成了作为此次高海拔集训总结的半程马拉松赛，而且成绩还不错。因此回来三周后，我再次前往亚利桑那州弗拉格斯塔夫参加了高海拔集训。然而，旅途的疲劳超出了我的预期。到达的当天晚上，我就有点不舒服。我出现了高海拔训练中常见的低烧症状，身体感觉很疲倦。生病在高海拔训练中很常见，但我觉得这次是集训前注射了新冠疫苗的缘故，当天下午我暂停了训练。然而倦怠的状况并没有多大改善，于是我在第二天上午的训练中没有过于勉强自己。训练的距离没有改变，只把配速降到了每公里5分钟。

长期参加运动比赛，就会出现意外的情况。因此，即使每周的训练日程大概是固定的，但我总担心在后半段有什么特殊情况导致不能正常训练。我常在前半周或自我感觉状态比较好的时候多跑些距离，以防某些日子不能跑步。我喜欢这样提前做好准备。

竹井尚也告诉我，体育科学实验中有关于高海拔训练和疲劳的报告。报告中提到，刚刚结束高海拔训练时运动成绩会下降一些，但48~72小时后成绩会逐渐提高。他说运动员从训练经验中知道这一点，因此他们在大赛前一两周回到平原地区去让身体适应，然后参加比赛。我打算在弗拉格斯塔夫一直待到东京奥运会前最后一刻,到奥运会开幕前 10 天左右再返回日本。

低氧健身房训练的好处是没有这些风险。感觉身体状态不好的话,恢复到正常气压就可以了。然而,无论是何训练,一周一次的频率都是不够的。

应反复进行低氧训练,每次训练之间的间隔时间不应太长,这样才能促生毛细血管。一般来说,至少要进行 6 次训练才有效。不过,在竹井尚也看来,这是一个细水长流的过程,有些人即使这么做也没有任何效果。每周至少 2 次,连续 4 周,最好的话每周 3 次,连续 3 周,这样才能产生明显效果。就高海拔训练而言,要至少进行两周,有可能的话持续一个月以上才能产生更好的效果。

身体需要多长时间才能适应?训练强度应该多大?低氧训练的个体差异很大,所以最近提倡为运动员量身定制合适的训练方法。

其实这不仅适用于低氧训练,所有运动员往往都是感觉优先。然而,感觉有时跟客观数据一致,很多时候却会有些偏差。运动员状态好的时候跟着感觉来就行,状态不好的时候根据客观数据来分析到底哪里不足,这样比较容易分析训练的效果。我觉得通过感觉和科学数值这两方面来评估训练的效果是很重要的。

2021 年 5 月

跑步中（左二）

2021-4-20
至
2021-5-18
in Flagstaff, Arizona
亚利桑那州弗拉格斯塔夫训练日志

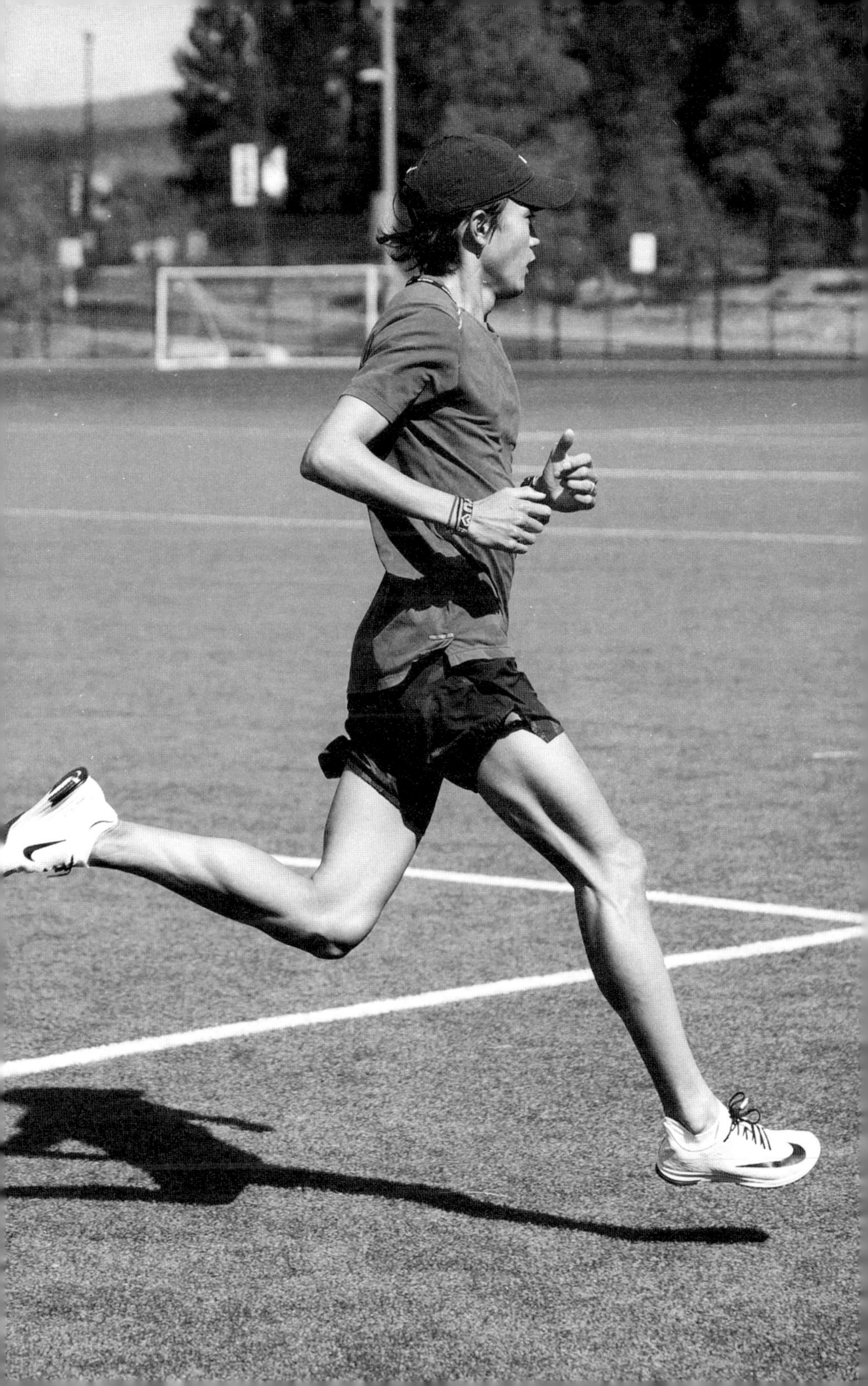

4月20日 星期二

晴

上午　训练

下午　10英里

合计　23英里

今天,我在亚利桑那州弗拉格斯塔夫开始了新一轮的高海拔训练。我问大女儿是否想和我一起去。她说想,我就带她来了。这是她第一次跟着爸爸来集训,应该会是很难得的经历。

到达之后,有一个广告拍摄的工作。

4月21日 星期三

晴

上午　14英里

下午　7英里

合计　21英里

今天我接种了新冠病毒疫苗。

由于之前参加半程马拉松赛、接连换地方以及来到高海拔地区,我的身体状况有点差。

从年初开始,我为了备战东京奥运会而想"消除噪声",但进展并不顺利。是不是我只能在这种噪声有所减少的状态下工作，还是我要逐渐习惯噪声，抑或是从噪声中分离出来？

4月22日 星期四

晴

上午　15英里

下午　7英里

合计　22英里

带大女儿去了距离弗拉格斯塔夫约1.5小时车程的大峡谷。

4月23日 星期五

晴

上午　训练

下午　7英里

今天带大女儿去了约1个小时车程的塞多纳。

昨天和今天开车的时候，我想了一些事。

去年11月回日本参加东京奥运会选拔赛时，我觉得有一段时间不能回家了。原本我计划从日本飞往肯尼亚，奥运会之前都不回。但后来发生了一些意外，我不得不返回了波特兰。回来之后，我开始重新思考到底在波特兰从"俄勒冈计划"中学到了什么。也可能是因为现在彼得教练的团队里有一些不思进取的运动员，整体氛围不是很好，我才开始思考。

"俄勒冈计划"留给我的到底是什么？我必须把这项"遗产"传承下去。

其实传承并不难，关键是作为职业运动员我应该怎么去做。训练过程中会有艰难困苦的时候，在这种情况下，付出百分之百的努力非常重要。大家都明白这一点，但在实践中很难完全做到。看看盖伦[1]他们的表现，就会觉得迄今为止还没有其他团队能彻底执行这一标准。

这像是理所当然的事情，在我看来就是伟大的"遗产"。这是我从"俄勒冈计划"中学到的，因此我作为"俄勒冈计划"的见证者必须把它传承下去。

但仅仅通过语言是说不清的，也无法间接地传递，必须面对面看着对方的眼睛，才能准确传递这些信息。今后，我想直接向"杰精英"项目的队员们以及有机会一起训练的运动员们传达这一态度。而现在，在我作为职业运动员参赛的时候，希望他们通过观看我的比赛能感受这一点。我今后也会以无愧于这一"遗产"的态度来奔跑。

---

1 盖伦-拉普，曾是"俄勒冈计划"的成员。里约奥运会男子马拉松赛铜牌得主。——原书注

最近我的感觉跟前几天在照片墙上发布孩子照片时一样。有点伤感吗？我平常不会有这种感觉，但当我到某一个节点的时候才会这样。是因为去塞多纳训练而发现了新的动力吗？

4月24日 星期六
晴
上午　12英里

大女儿要回波特兰，所以我开车送她去了凤凰城的机场，然后又回来。我很担心，因为这是她第一次一个人坐飞机，但还好她安全到家，我就放心了。

4月25日 星期日
雨
上午　长距离跑 25英里

我本打算在5月下旬返回肯尼亚，但另一方面我觉得在美国训练也有它的好处。这里是我田径生涯的原点。虽然肯尼亚也不错，但我最近一直比较纠结，而且那里新冠疫情的状况也不太明朗。最后，我决定留在这个为我田径生涯带来转机的地方，努力训练直至奥运会前，更何况这里还有我的教练。

4月26日 星期一

晴

上午　13英里

下午　7英里

合计　20英里

4月27日 星期二

晴

上午　训练

下午　7英里

来自GMO网络集团[1]的吉田祐也来到弗拉格斯塔夫。我们暂时一起训练。

4月28日 星期三

晴

上午　14英里

我一整天都感觉不太舒服。早上跑完步后，感觉身体有点发

1　日本的互联网时代企业集团，主导着日本大部分的网络基础设施。——译者注

热，下午暂停训练，休息。其他工作也都取消了。

4月29日 星期四
晴

上午　10英里

仍然感觉有点不舒服，只在上午进行了训练。以每公里5分钟的配速跑，很慢很慢。

4月30日 星期五
晴

上午　训练

下午　7英里

5月1日 星期六
雨

上午　12英里

下午　7英里

合计　19英里

我通过Airbnb（爱彼迎）在弗拉格斯塔夫租了一间民宿，住到5月中旬。我正在这附近寻找适合作为集训基地的地方，今天去看了一处房子。这是一栋联排别墅，像日本的长屋一样相互连接成一排。基本上定下来了。没有特殊情况的话，将在6月初搬进去。

我也在肯尼亚找了很多地方，但似乎还需要很长时间，所以决定先在美国买房。

我在科罗拉多州博尔德、犹他州帕克城、亚利桑那州弗拉格斯塔夫以及肯尼亚都进行过高海拔训练，觉得弗拉格斯塔夫很适合作为高海拔训练的入门地点。这里海拔2000~2100米，附近的塞多纳海拔下降到1400~1500米，凤凰城海拔下降到600~700米，可以去低海拔的地方恢复体力。因此这里是极为适合"高海拔生活、低海拔训练"的地方。

海拔约2400米的肯尼亚对于首次进行高海拔训练的运动员来说非常具有挑战性。事实上，没有一个日本运动员在肯尼亚成功完成训练。我觉得他们都是在没有做好高海拔训练准备的情况下前往肯尼亚的，结果才失败了。

弗拉格斯塔夫被美国国家公园环绕，是一个非常好的地方。我自己当然想在这里训练，也想让别人来一起训练。我考虑在这里买房已经有三年了。现在地价比以前上涨了约5%。以后可能会更有人气吧。

5月2日 星期日

晴

上午　长距离跑 24 英里

　　新冠疫情后,因为能够远程完成很多事情,所以线上会议也多了起来。

　　在这个过程中,我逐渐缩减了应该优先的工作。我要做的最重要的事情就是尽可能愉快地比赛。我想把剩下的时间都用来为此做充分准备。另外,还有赞助工作。我现在手头的事情太多了。也许是因为我自己想把日程安排得满满的吧。我想多认识一些人,想发表一些意见,总觉得时间很珍贵。

　　在当今这个时代,有时需要按下与别人交流的暂停键,开启自我对话的开关。

　　6月起我打算好好整理一下思路。

5月3日 星期一

晴

上午　13 英里

下午　7 英里

合计　20 英里

5月4日 星期二

多云转雨

上午　训练

下午　7英里

5月5日 星期三

多云转雨

上午　14英里

下午　7英里

合计　21英里

　　昨天，东京奥运会的马拉松资格测试赛在日本札幌举行。可能是媒体报道方式的原因，听起来有很多负面的消息。然而，迄今为止究竟有多少人在马拉松和田径比赛中感染新冠病毒呢？运动员和相关的工作人员必须全部接受检测，结果为阴性的人员才能参加比赛。只要不是"三密"[1]的情况，观众加油助威的时候也注意保持距离，风险就没有那么大。我不由得想，为什么会有这么多负面评价呢？

1　密闭、密集、密切接触。——译者注

5月6日 星期四

雨转多云

上午　14 英里

下午　7 英里

合计　21 英里

5月7日 星期五

晴

上午　训练

下午　7 英里

5月8日 星期六

晴

上午　12 英里

下午　7 英里

合计　19 英里

5月9日 星期日

晴

上午　长距离跑　25 英里（约每公里 3′35″）

今天进行了单程12英里的往返训练。和英国人莫[1]还有美国奥运会代表队的运动员一起训练的。

下午睡觉。

5月10日 星期一

晴

上午　13英里

下午　7英里

合计　20英里

1　莫·法拉赫，曾是"俄勒冈计划"成员。里约奥运会男子5000米和10000米金牌得主。——原书注

大女儿和我在弗拉格斯塔夫一起训练

从大女儿身上学到的事

这是我第一次带大女儿参加弗拉格斯塔夫的集训。

我一直想带她参加一次集训。原来计划的首选地是肯尼亚，在那儿可以体验与日常生活不同的环境。而在弗拉格斯塔夫没什么特别的，肯尼亚是体验文化冲击的最佳地点。但是，去肯尼亚的话大女儿还太小，所以先来弗拉格斯塔夫吧。

这是我和大女儿第一次一起旅行。在家的时候，有妈妈和妹妹在，我们俩单独聊天或购物的机会比较少。这次集训拉近了我和她之间的距离，这一点让我很开心。

如果她在这次集训中有所收获，我当然很高兴，我也从与她相处的过程中学到了很多。

有一次彼得教练来我家，我们聊了"杰精英"项目、彼得的团队以及与金钱相关的很多话题。随着年龄增长，大女儿变得越来越有趣，也越来越想听这些对话。我真的很喜欢这种氛围。在日本，基本上是"不应该在孩子面前谈论金钱"或"小孩子快走开"这样的氛围。

但我认为谈论金钱的话题是很重要的，没有理由在孩子面前回避。反而要让孩子知道生活中的哪些地方需要花钱，以及他们的父亲是如何努力赚钱的。我觉得通过这种方式让女儿们知道金钱的价值，对她们未来的发展也很有必要。

我们俩一起来到了弗拉格斯塔夫，但回去的时候，大女儿要一个人坐飞机回波特兰。去机场之前，她非常紧张，登机前甚至还哭了。我以为她是担心飞机中途坠落，就安慰她："别担心，你坐的飞机从来没有坠落过吧？"但她气呼呼地说："不是因为这个，我担心的是一个人坐飞机！"这其中有一点误会（笑），但看到她竭尽全力的样子，我想起了自己初次完成一件事的情景。

当一个人初次挑战完成一件事时，都会感到害怕，甚至怕到要哭出来。即便如此，也要尽自己最大的努力，去迎接挑战。这虽然是日常生活中一次小小的经历，但我从中再次体会到了勇敢面对挑战的重要性和美妙之处。

我希望有一天还能带我女儿一起参加集训。

2021 年 5 月 10 日

5月11日 星期二

晴

上午 训练 10英里 节奏跑

在弗拉格斯塔夫的高海拔集训只剩一周时间了。

我在这儿的训练距离增加了。在此之前的近3周时间里,我一直在俄勒冈州的平原地区进行速度练习,因此已经准备好将距离恢复到在肯尼亚训练时的水平,开始真正的马拉松训练。训练的强度也在增加。随着我逐渐适应了高海拔,疲劳感逐渐消失,之后我一直在努力提高训练质量。

彼得教练今天来了,我们进行了一次马拉松训练。跑步效果很好。训练按计划进行,我很高兴在身体比较紧张,精神上也开始疲劳的时候还能集中精力跑步。

如果你是高中生或大学生,或许可以自始至终专注于训练,但如果你成为一名职业选手,进入成年人的世界,就会有些许比赛之外的压力。以个人身份参赛的我,可能这方面的压力比别人要多。即便有些因素会妨碍我的练习,比如直到最后一刻我还在为某些事情感到焦虑,或者做错了什么,但当我投入训练的那一刻,我就会告诉自己,这才是我真正的工作,如果不能百分之百投入,那么"杰精英"计划和其他的事业都将毫无意义。今天我完成了这个转变。

还有今天是彼得的生日，50岁生日快乐，彼得！

5月12日 星期三

晴

上午　14英里

下午　7英里

合计　21英里

我曾考虑返回肯尼亚，但最终还是决定留在美国。其中一个主要原因是我在弗拉格斯塔夫买了房子。搬家定在了6月8日，所以我不能回肯尼亚。还有，我发现我在弗拉格斯塔夫可以集中精力进行有效的训练。去肯尼亚要牺牲很多。此外，我能够鞭策自己，集中精力训练，这给了我很大的信心。美国是我认真开始田径运动的"起点"。我在这里有着不同的感受和不同的动力。过去7年，我一直在这里努力训练，所以最后也在这里结束在本质上是一种不一样的动力。我发现只要继续高难度训练，无论在哪里都能给我同样的动力。

这是心情的问题。重点不在于去哪里，而是自己要做什么，能做什么训练。这一点，无论在肯尼亚还是在弗拉格斯塔夫训练都是一样的。

5月13日 星期四

晴

上午　15英里

下午　7英里

合计　22英里

5月14日 星期五

晴

上午　训练

下午　5英里

合计　20英里

　　我答应了一档电视节目的面对面采访，作为参考观看了一些其他受访者的片段，其中漫画家井上雄彦说，他会做一些困难的事情。回想起来，我好像也是这么做的。今年是东京奥运会之年，但我从去年到今年一直在挑战一些比赛之外的事情。启动"杰精英"项目、为此找集训地、东京奥运会之后计划开始各地巡回、出书、接受电视采访以及在优兔上投稿……

　　每次比赛前的压力和焦虑都是一样的，但开始尝试新事物时的压力每次都不一样。唯一的方法就是每次都要认真学习。这就是我尽管有必须集中精力的事情，仍然要挑战新事物的证明。

我想得很远。我明白这会很艰难,但我觉得不这样做的话未来会充满风险。在过去的一年里,我抱着必死的决心,拼命地奔跑,试图在很多方面挑战自己,尽管有很多事情我并不了解。

5月15日 星期六

晴

上午　23英里 长距离跑 轻松跑

随着高海拔集训接近尾声,与我们一起训练的吉田祐也开始露出疲态。他是第一次参加高海拔集训,所以这很正常。这是每个人的必经之路。我帮他调整了一下,制订了一组新的训练计划。

不过跟他相比,我又觉得自己还算是练习得相当不错的人呢。

5月16日 星期日

晴

上午　7英里

下午　7英里

合计　14英里

我在推特上介绍了一个正在进行的项目的细节,即在日本各地向孩子们传达跑步的乐趣。

这是"杰精英"项目的一部分，东京奥运会结束后，我想在日本各地开办跑步学校。在那里我首先想告诉大家，运动员是了不起的。我还想告诉大家，马拉松运动员、田径运动员和其他运动员都知道哪些知识，拥有哪些技能。我走遍世界，为了一个既定的目标按部就班地训练。我觉得做到了这一点，就能在这个世界上生存下去。当我把这些教给小学生和初中生时，他们的认识应该会发生变化吧。我很想把我知道的都教给他们。

为什么要在日本各地巡回呢？因为到目前为止，我主要在东京开展学校活动，其他各地的孩子们无法参加，这很不公平。所以我们希望走出去，向中小学生传授有用的技能。

5月17日 星期一

雨

上午　14英里

下午　7英里

合计　21英里

我现在有很多事情要做。如果只考虑自己比赛的事情，那是行不通的。看到其他运动员，有时我会想自己不愿成为那样的人。我去美国也是因为不愿变成他们那样，而且我也害怕退役后会被遗忘。退役后，我会像太田雄贵[1]那样重新站在比赛团体的顶峰吗？我做不到。那么现在我能做什么呢？也许就是日本各地巡回。

如果一心一意想着比赛就能加快速度，我也会这么做，但结果怎样呢？

人们可能会认为，运动员应该一年365天、每天24小时都想着比赛，这样就足够了。当然我也是因为有一心一意想着比赛的时间，才领悟到即便不是24小时想着比赛，也能专注在训练上。我认为，能够在各种干扰中忠于自己的目标，这种坚守才会让自己在比赛中成长。

而且，我觉得这样会增加我作为运动员和个人的深度。另一方面，我也会变得更有动力。或许是因为焦虑，我常会思考"如果这样做就会打败某人吧，如果不那样做又会发生什么呢？"之类的。这种焦虑很强烈，使我不得不行动起来。想要变得更好的想法会是第一位的。所有人都会这样想吧，这时候在背后推动着自己前进的就是那颗焦虑的心。我总是担心，现役期间一事无成的话要怎么办？

---

[1] 日本击剑运动员，2008年北京奥运会上为日本夺得首枚男子花剑奖牌，2016年退役后担任东京奥运会申奥形象大使等职务。——译者注

想要提高运动员的地位也是我举办日本各地巡回活动的另一个原因。普通人可能会认为运动员们很厉害，但当我们走上街头与人们接触时，实际上又会得到多少尊敬呢？也许并不是想的那样。因此我希望改变这种状况。

5月18日 星期二

晴

上午　下降到海拔1000米的地方

　　　训练节奏跑和间歇跑的综合训练

下午　喝酒

今天是在弗拉格斯塔夫为期4周的集训的最后一天。彼得教练也来了。我跑了很长的距离，表现很好。配速也不错。

我在训练中没有出现任何重大失误，因此彼得教练和我都松了一口气。于是我们谈论了一些比赛之外的事情。今天，我们聊了聊彼得教练的团队和"杰精英"项目未来的合作事宜。我们决定在彼此没有竞争的部分互相合作。

在弗拉格斯塔夫的每周合计里程：

4.20—4.26　　　　　130英里

4.27—5.3　　　　　 125英里

5.4—5.10　　　　　145 英里

5.11—5.17　　　　140 英里

下午，我回到波特兰，与来自日本的高木圣也一起喝酒。

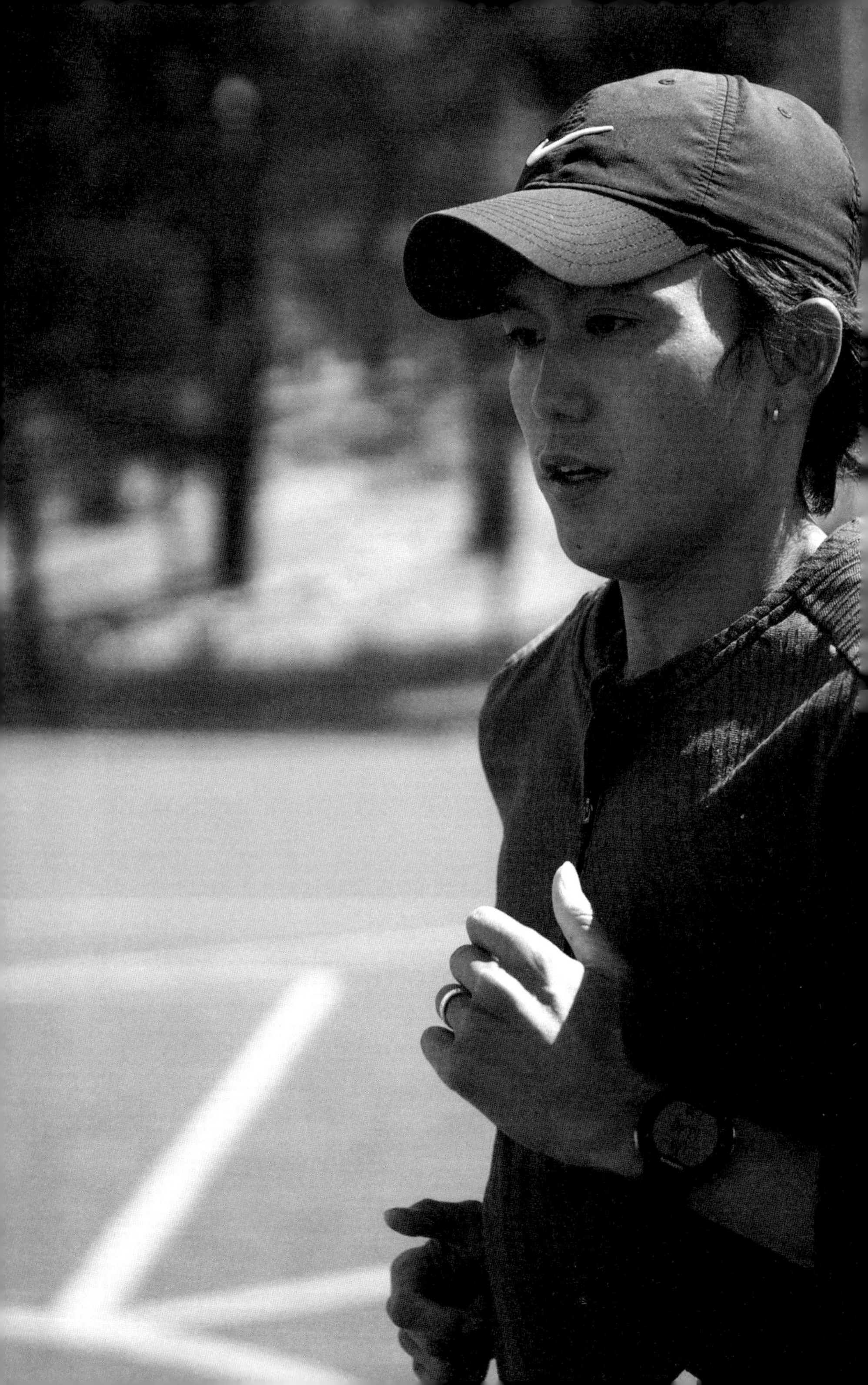

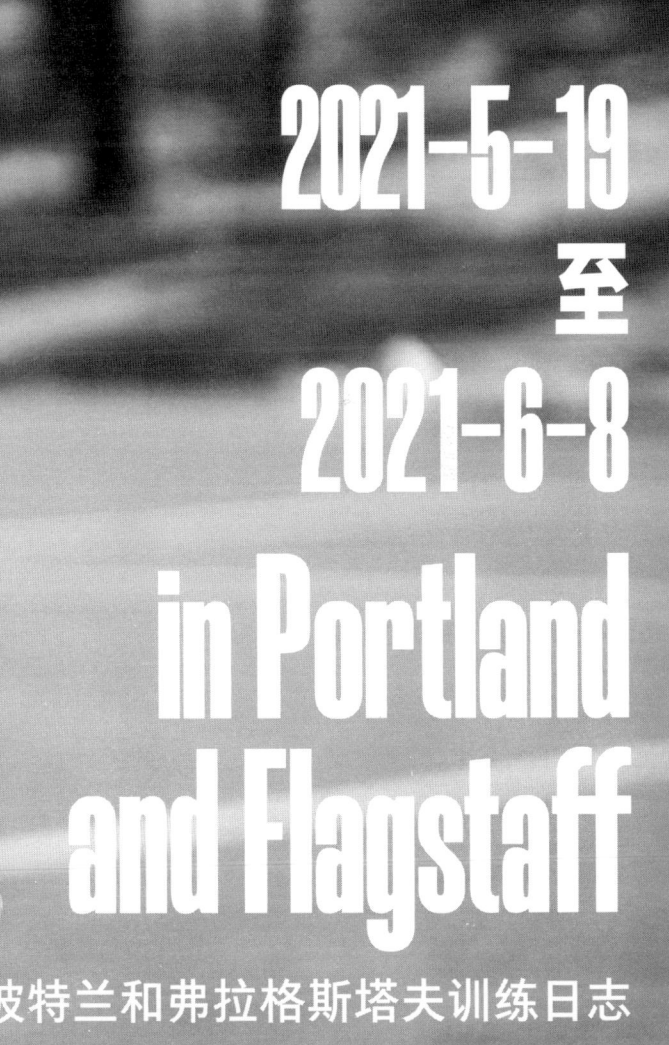

2021-5-19
至
2021-6-8
in Portland
and Flagstaff
波特兰和弗拉格斯塔夫训练日志

5 月 19 日 星期三

雨

上午　13 英里

在波特兰接种了第二针新冠病毒疫苗。

5 月 20 日 星期四

雨

上午　13 英里

有种发烧的感觉,不知是不是疫苗引起的。服用了退烧药但体温还是 37.5℃左右。只在早上训练了一下。

5 月 21 日 星期五

多云

上午　训练

下午　7 英里

身体仍然很疲惫,但还是坚持训练。

5月22日 星期六

晴

上午　长距离跑 23 英里

5月23日 星期日

晴

上午　7 英里

下午　7 英里

合计　14 英里

今天我满 30 岁了。其实自己并没有特别的感觉,但很高兴看到孩子们与妻子一起开心地为我制作生日蛋糕。生日成为我喝酒的借口。蛋糕配红酒很棒!

感觉我已经在美国待了很久。几年时间一眨眼就过去了。

5月24日 星期一

晴

上午　14 英里

下午　7 英里

合计　21 英里

5月25日 星期二

晴

上午　训练

下午　7英里

由于周末要参加 10000 米的比赛，本周稍微缩短了距离，拉回了速度。

5月26日 星期三

晴

上午　14英里

下午　7英里

合计　21英里

我最近结束了一档电视节目的面对面采访，学到了把自己的想法用语言表达出来。我还召开了几次关于"杰精英"项目各地巡回的会议，以此为契机研究在不同的场合说什么样的话。

5月27日 星期四

雨

上午　14英里

下午　7英里

合计　21英里

明天我将参加在波特兰格里斯沃尔德体育场举行的10000米比赛，参赛者有以28分5秒为目标的，我大概也会跑出差不多的成绩吧。我已经很久没有上过赛道了，所以有点紧张。即便成绩不理想，我也会尽力完赛。

5月28日 星期五

多云

格里斯沃尔德体育场

晚上　8:10　10000米赛跑×2（27′56″44，29′04″28）

我把这次参加波特兰田径节（Portland Track Festival）比赛作为训练的一部分。

这次感觉很像2019年我参加过的北联长距离挑战赛（Hokuren Distance Challenge）中的10000米比赛，那是在MGC 2个月前举行的。

一开始我打算跑完1场10000米比赛后回家再在跑步机上来个节奏跑，结果我跑了2场10000米比赛。我和彼得商量了一下，坐车回家再跑也会比较累，所以以10分钟为间隔参加了第2场比赛。无论如何，10000 米对于马拉松训练来说都不够长。

第一场比赛时，我努力保持冷静的状态去参赛。

在比赛的中段到最后，我还比较游刃有余，整体上感觉自己的状态不错。作为一个坚持训练的运动员，我跑得不错。

我想无论成绩是 28 分 30 秒还是 27 分，只要坚持跑完就好。结果，我的步伐很稳定，最终成绩还算不错。

吉田祐也在个人最好成绩的基础上有所提高，获得了第 3 名。考虑到吉田祐也平时的训练情况，取得 28 分 30 秒的成绩就很不错，结果却突破了 28 分钟。吉田祐也从高海拔地区返回后，身体恢复得很快。看来他的身体调整能力也很优秀。

第二场时，我把长距离钉鞋"Dragonfly"换成了路跑竞速跑鞋"Vaporfly"。如果穿着钉鞋跑 20 公里，可能会受伤，而且我也想看看穿着竞速跑鞋在领先集团中能有多放松和舒适。我努力保持稳定的状态，跑完接下来的 10000 米。起跑前，我的身体并没有特别轻盈，所以这是一次很好的模拟。我觉得这次比赛像是跑了一场马拉松的 10~30 公里。

看到平时与我一起训练的朋友在另一组中拿下冠军，我觉得自己也要更加努力。

5 月 29 日 星期六
晴

上午　7英里

5月30日 星期日
晴
上午　长距离跑 23英里
下午　力量训练

今天的力量训练完成得很好。

5月31日 星期一
晴
上午　14英里
下午　7英里
合计　21英里

比赛后的肌肉酸痛仍未消失。

6月1日 星期二
晴
上午　训练 轻松跑

明天我又要去弗拉格斯塔夫了,这是东京奥运会前的最后一次高海拔集训。我预计在弗拉格斯塔夫待到东京奥运会比赛前2~3周,以便调整状态。

6月2日 星期三

晴

早上	4:00	起床
	4:20	5英里(40分钟)
	5:30	从家出发前往波特兰国际机场
	7:00	飞往凤凰城
	11:00	在凤凰城机场取租来的汽车
下午	1:30	到达弗拉格斯塔夫
	1:35	5英里(40分钟)
	2:15	淋浴
	3:00—4:00	按摩
	4:30	回到集训营地,立即开始10英里的训练
	6:00—8:00	会议
合计	20英里	

6月3日 星期四

晴

上午　15英里
下午　7英里
合计　22英里

6月4日 星期五

晴

上午　训练

为了买车，我往返凤凰城花了4小时。在弗拉格斯塔夫生活，车绝对是必需品。不只是为了"杰精英"项目，也是为了日本运动员来的时候使用方便，现在先把需要的东西准备好。我买了一辆2016年款二手SUV[1]。

车钥匙只有一把，不过正好便于管理。

6月5日 星期六

晴

上午　7英里
下午　7英里
合计　14英里

1　sport utility vehicle 的首字母缩写，意思是运动型多用途汽车。——编者注

这两天，我们为日本的中小学生举办了一次线上活动。我讲述了我在美国的各种经历，还有失败的故事。我想告诉孩子们的是，不要害怕去接触和体验不同的文化。

6月6日 星期日

晴

上午　长距离跑 20 英里

今天我和阿卜迪·阿布迪拉曼一起训练，他曾多次参加奥运会男子 10000 米和马拉松比赛。在有起伏的赛道上训练效果比较好，我能提速很快。

这段时间我在弗拉格斯塔夫很忙。前几天，我在一篇文章中读到，日本有一支新的企业田径队，"选手们不会一天连续工作或跑步十几小时。在日本不跑步的时候就让他们去工作"。

我和在这里的川崎友辉一起反驳道，我们忙得要命呢，哪有时间工作。

在高海拔地区，首要问题是睡眠不足。然后除了跑步训练，还要进行力量训练和按摩。说实话，根本没有时间做公司的工作。大家可能以为我们只是在跑步，但我想让人们知道并非如此。

6月7日 星期一

晴

上午　14英里

下午　7英里

合计　21英里

　　弗拉格斯塔夫最近暖和多了。我3月来的时候还在下雪。现在阳光明媚，天气也更暖和了。

　　山县亮太昨天在100米比赛中创造了新的日本纪录。我几乎很少关注其他赛事或运动，但对运动员的个性和背景很感兴趣。我被山县亮太身上的工匠气质吸引。

　　如果问我喜不喜欢马拉松，仔细想想的话，我确实挺喜欢。因为跑起步来我能思考很多事情。平时我经常脑子昏昏沉沉，无法好好思考。但我一跑起来就可以找到那些需要解决的问题以及"这样做很好"的解决方案。跑步时我不仅能独处，头脑也能快速运转。现在我经常需要思考比赛之外的事情，所以一边跑步一边思考感觉更愉快。

　　训练其实很艰苦，但我更喜欢慢跑和不断地积累跑步里程。

6月8日 星期二

晴

上午　训练

把家搬到了弗拉格斯塔夫新买的房子里。从在肯尼亚找房子算起，花了近5个月的时间，但考虑到以后的事，我觉得买得很值。我在东京奥运会之前搞定买房这件事的心愿也实现了。

距离东京奥运会正好只有近两个月了。现在，我还没有认真考虑过比赛的事情。身边有一些琐碎的杂事要处理。

当然，每次训练都是根据正式比赛的要求倒推的，所以我一直专注地训练。

但我觉得，即使到了比赛的前两周，我的感觉也不会有什么改变。估计我会延续手忙脚乱的情绪迎接东京奥运会。

我很期待，也很兴奋，就像在肯尼亚时一样。

原计划在肯尼亚训练半年，后来由于新冠疫情，我不得不离开，回到美国俄勒冈州和亚利桑那州。这让我感觉在疫情的大环境下参加比赛，在某种程度上必须随遇而安，不要去和不可能的事情对抗。

无论对抗或抗争什么，都是很累人的。当我不得不抗争时，我也会这样去做。但是，我逐渐能把无法掌控的事情和能够掌控的事情区分开来。与彼得的对话就是一个很好的例子。

其实我去肯尼亚的目的是"消除噪声"。去了之后确实噪声稍微少了。但我也发现完全将噪声消除的确很难。对于这一点，我已经不去抗争了。

不是有很多人试图与根本无法掌控的事情进行抗争吗？抗争固然重要，但实际上，个人的能力是十分有限的，一旦意识到这一点，就会感觉轻松多了。而且也能真正明确自己应该做什么，应该为了什么目标而努力。

一个人写日志

关于力量训练

我每周进行 2~3 次力量训练。通常在星期二和星期五，跑步训练结束后再做 1 个小时左右的力量训练。除此之外，我还进行秘密的力量训练，顾名思义，这是秘密（笑）。

力量训练既单调又辛苦。上高中的时候因为教练要求我就做了，但实际上我觉得"力量什么的我根本不需要"。因此我上大学后完全不练了。

大学二年级时，我第一次参观了"俄勒冈计划"的集训营，发现所有的顶尖运动员都在那里进行力量训练。我惊讶于"原来顶尖运动员也如此努力地进行力量训练啊"，自那以后我才重新开始做力量训练。后来早稻田大学的队友和后辈们虽然没有从我这里学到"俄勒冈计划"的具体训练内容，但看到我进行力量训练后，也感觉到了它的重要性。

大学时期我参加的是田径项目，所以很重视力量训练。现在我跑马拉松，所以主要锻炼核心部位，力量训练主要是单纯的硬拉。此外还会进行平衡训练，例如弓箭步系列和深蹲等，也会使用杠铃，但重量不会太重。整体上来说，比起重量，我更注重练习各种项目，不过分地勉强自己。

身体会一点一点地改变。如果我能突然回到大一时的身体跑一跑，再突然回到现在的身体跑一跑，也许就能体会到力量训练的效果和身体的变化，但那是不可能的。其他的训练可能也有影响，并不是进行了力量训练就能跑更快，我甚至感觉不到有什么变化。

许多运动员期望通过训练在很短的时间内就有巨大的变化，但做任何训练都没有捷径可走。我刚开始训练时也感觉不太适应，现在偶尔还会发现一些问题。本来就没有完美的训练或完美的比赛。如果试图做到完美，那么最终的训练可能只会让你感觉良好，但不会给你提升力量，甚至连现状也不能维持，最终可能会退步。即使是最朴素的训练，也要踏踏实实，持之以恒，这很重要。

尽管如此，我仍然认为力量训练对于马拉松十分重要，原因如下：

首先，在高海拔训练中，如果单纯地跑步，肌肉力量就会下降。上半身的力量尤其容易下降，所以需要有意识地锻炼。为了在比赛后半程感觉疲劳时仍能保持正常的跑姿，核心和上半身的肌肉力量至关重要。马拉松虽然不如田径那样重视身体重量,但保持一定的肌肉力量,从而产生推进力也是必要的一项。

目前和我一起训练的吉田祐也体重在47公斤左右。我上大二的时候,也曾努力把体重减到了48公斤。一般认为体重越轻跑得越快,所以很多人害怕增加不必要的肌肉,但我一直在努力增强肌肉,某种程度上增加一些体重也很重要。

举例来说,体重轻的时候如果状态好,就会很难控制自己,往往很快把好不容易储备的体力用尽。

而且体重轻的话,会很难抑制疲劳感。吉田祐也算是善于利用自己轻盈的身体保持攻势的优秀选手了。

但他还不适应这里训练的项目和运动量。我经常问他:"这项训练没问题吧?"他总是回答:"没问题。"但真正跑起来的时候,他就会控制不住地疲累,无法在应该提速的时候加快脚步。

如果不锻炼肌肉力量,只增加体重,那么在训练或比赛中就无法很好地控制自己的身体,无法发挥耐力。

如果能保证标准的距离、标准的跑步训练以及标准的力量训练,成绩就会随之而来。

吉田祐也还需要一段时间彻底适应力量训练,但他还有很大的成长空间,如果从这个年龄开始扎扎实实地打下基础,他会成长为一名很有趣的运动员,我本人也很期待。

顺便说一句,我发现很多国外的运动员在进行力量训练时比较随意，不是很注意动作的准确性（笑）。与之相比，不知道是不是在追求效率，日本运动员给我的印象则是过于按部就班地训练。我认为，一开始可能会锻炼到不必要的肌肉，但熟练以后必要的肌肉自然会保留下来，而不必要的肌肉则会慢慢减弱。因此，我觉得不用太过紧张。

话虽如此，这并不意味着可以随意训练。运动员的肌肉力量怎么样，应该选择什么强度的训练和什么样的训练项目，因人而异。应该请专业的力量训练教练来指导。

2021 年 5 月 27 日

在摇摆不定中前进

不知是不是因为我选择了和别人不同的道路,很多人认为我一直毫不动摇地向着目标前进。但正如我前面提到的,我是个很容易焦虑的人,与其说我从不曾摇摆不定,不如说我是在摇摆不定中前进。

我在这本书的开头提到我为了消除噪声而选择去肯尼亚集训。的确,我不想听到的关于新冠疫情和东京奥运会的信息被阻断了。但是自己参与的广告拍摄、采访,还有"杰精英"项目的相关工作等,都成了新的噪声。如今流行起视频会议,即使我在肯尼亚,有时一天也安排得满满的。现在回过头来看看,别说消除噪声了,反而连隔音的耳机都没戴上过呢(笑)。

因肯尼亚被封控而紧急回美国的时候,我曾经想在解除封控后再返回伊腾镇。但最后我还是决定,在我运动的原点——美国一直训练下去。这很难理解吧。

我经常感到迷茫，因为一些琐事而烦躁，手足无措，晚上睡觉前就会胡思乱想，感到焦虑。尽管如此，一到早上又神清气爽地起床，想着："今天再继续努力吧！"我想，这样的循环会永远持续下去，大家是不是也和我一样呢？

前著《马拉松名将手记》出版后，竟然有比想象中多得多的人反馈给我各种各样的感想，我有点吃惊。大家为什么会去读这本书呢？我想这跟我在读了《禅者的初心》（Zen Mind, Beginner's Mind）以及《浪客行》之后产生共鸣是一样的。尽管自己动摇过、迷茫过，但"我想这样做"的想法还是太强烈了，从而产生焦虑。为了让迷茫的自己继续前行，每个人都需要一本书来让自己选择的道路合理化。

很多人认为，强大就是毫无动摇，心无杂念，始终朝着一个目标前进。大家想法各异，而我并不认为摇摆不定就是软弱。反而应该说人是因为想变得强大才摇摆不定。所以，即使摇摆不定也没关系，失败也没关系。人选择的道路不可能是完全正确的，人生肯定会有失败。重要的是，无论发生什么事情，最后都要回归自己的初心。我认为那才是强大。

今后摇摆不定的日子还会持续下去，而我应该回归的初心则是"想要变得强大"的心情。即使摇摆不定，即使做了各种选择，我也一定不会忘记最初的心情。

2021 年 5 月 27 日

东京奥运会对我的意义

对我来说，奥运会是一件莫大的事。

我对奥运会最初的记忆是7岁时看的长野冬季奥运会。虽然我不记得具体的场景，但是以那届奥运会为契机，我开始想成为跳台滑雪选手，梦想着有一天能参加奥运会。我记得小时候经常写的"将来的梦想"中也有"成为奥运会选手"。

回顾我的比赛生活，参加奥运会是不能忽视的原动力之一。我觉得在那个舞台上展示活跃的样子，会成为激励下一代努力的动力。

东京奥运会是我参加的第二次奥运会。之前的里约奥运会上我参加了5000米和10000米项目，比赛中我深切地感受到了单纯想再努力一点的心情，以及在跑道上与其他国家的选手一较高下的困难。而且，虽然不知道自己能跑多快，但由于当时的惨败，挑战马拉松的想法变强了。

一开始我不太想在田径运动和马拉松中做出取舍。但是，别说奥运会了，我在钻石联赛和世界田径锦标赛等田径比赛上都没有得过奖牌。但日本选手曾经在世界马拉松大满贯上获得冠军，我也在芝加哥马拉松赛中获得了第3名。这样想来，我对两个项目单纯在自信心上就有差距，觉得和马拉松国际选手进行实力比拼的可能性比田径赛要大一些。

然而，我并没有乐观到觉得能在正式比赛的时候获胜。如果其他选手都跑了2小时2分左右的话，我就没有胜算了。但是结果绝对不会变成那样吧。

马拉松是一点一点释放自己能量的运动。当有人加速时，如果着急缩小差距，能量就会骤减。屏蔽周围的干扰，专注于自己的节奏比赛，等待终点的到来是很重要的。作为一名马拉松运动员，能不能耐心地等待，等待领先集团的选手落后，然后自己补进空缺位置继续努力向前奔跑，我觉得这就是日本人跟国际选手进行角逐的必要战略。

东京奥运会延期一年，既有好处也有坏处。为了代表日本参赛，我从2019年3月开始以半年一次的频率参加马拉松比赛，平时也进行着艰苦的训练。因为延期，我在心情和体力上都有了余裕。如果按照原来的步调参加奥运会的话，很可能无法跑出最好的成绩。

坏处是，我和家人分别的时间又延长了一年。2020年7月中旬以后，由于辗转各地参加集训和各种比赛，我和家人一起度过的时间只有几周。在肯尼亚期间，我有时会想家，也会想见家人。虽然最终的集训地是美国，但在高海拔训练过程中离开美国俄勒冈州的时间也很长，到东京奥运会期间回到日本见面之前还需要再忍耐一段时间。

站在马拉松的起跑线上，有一种与终点不同的成就感。一边与每天的复杂事务战斗着努力训练，一边忍耐着各种各样的事情，数着日子盼望正式比赛的来临。跑完42.195公里，就全部结束了。我产生了那种重新振作起来的心情。因为是在本国举办的奥运会，所以作为本国运动员的自己还是很紧张。但是，说实话，我觉得自己别无他选，只能做好自己该做的事情。

不知道在新冠疫情下奥运会会办成什么样子，也不知道会是什么结果。说不定会直接取消。但是，如果不举办的话，我们运动员就很可怜吗？不，我不这么认为。

请大家关注为了参加东京奥运会而不断积累的过程。每个运动员都于各种矛盾中找到了适合自己的剧本与目标，形成了自己的价值观，从而向着目标勇往直前。

当然，能够顺利举办东京奥运会是最好的结果。但即便因故取消，马拉松领域还有世界马拉松大满贯这样的世界级比赛，选择还有很多。

即使东京奥运会取消，我们努力奋斗过的经历也不会白费。我觉得运动员们只要找到东京奥运会之外适合自己的剧本与目标，然后继续为之冲刺就好。

距离我被选为日本马拉松的代表选手已经过去了15个月。现在重读训练日志的话，我就会想起那些因为新冠疫情而原地踏步，不得已改变计划或者停滞不前的日子。尽管如此我还是振作起来继续前进，这才是作为运动员的价值所在。

还有一个月。我们能做的，就是无论遇到什么情况都要相信自己，不断前进。因为奥运会结束之后，属于我们的故事还会继续下去。

应作者的要求，部分日志中的训练细节未完全展示。

图书在版编目（CIP）数据

马拉松名将手记. 2，每个人都有自己的决战 /（日）
大迫杰著；岳小冬译. -- 北京：中信出版社，2024.
9（2025.5 重印）. -- ISBN 978-7-5217-6831-2

Ⅰ. K833.135.47；B821-49

中国国家版本馆CIP数据核字第20249N5Z87号

KESSEN MAE NO RUNNING NOTE Osako Suguru ga koan shita running note tsuki
by OSAKO Suguru
Copyright © 2021 OSAKO Suguru / WIN BELL Inc.
All rights reserved.
Original Japanese edition published by Bungeishunju Ltd., Japan in 2021. Chinese (in simplified
character only) translation rights in PRC reserved by China CITIC Press, under the license
granted by OSAKO Suguru / WIN BELL Inc., Japan arranged with Bungeishunju Ltd., Japan
through BARDON CHINESE CREATIVE AGENCY LIMITED, Hong Kong.
本书仅限中国大陆地区发行销售

马拉松名将手记2：每个人都有自己的决战
著者：　　［日］大迫杰
译者：　　岳小冬
出版发行：中信出版集团股份有限公司
　　　　　（北京市朝阳区东三环北路27号嘉铭中心　邮编　100020）
承印者：　北京盛通印刷股份有限公司

开本：880mm×1230mm　1/32　　印张：5
插页：8　　　　　　　　　　　　字数：102千字
版次：2024年9月第1版　　　　　印次：2025年5月第5次印刷
京权图字：01-2024-3892　　　　书号：ISBN 978-7-5217-6831-2
定价：69.00元

策划　　　林田顺子
封面摄影　松本升大
本书摄影　大迫隼也
协力　　　两角速/竹井尚也

版权所有·侵权必究
如有印刷、装订问题，本公司负责调换。
服务热线：400-600-8099
投稿邮箱：author@citicpub.com

Running Note

Suguru Osako

31 DAYS

	年　月　日　星期	天气　　气温　　℃　　风力

上午训练项目		
地点	训练伙伴	跑鞋
上午 　　时　分	距离 　　　km	时间	配速

下午训练项目		
地点	训练伙伴	跑鞋
下午 　　时　分	距离 　　　km	时间	配速

力量训练项目		
早餐	午餐	晚餐

小成长

小发现

今天训练中的问题和反省及明天的课题

今天在训练以外想到的事情

	年　月　日　星期	天气　　气温　　℃　　风力

上午训练项目

地点	训练伙伴	跑鞋

上午　　时　分	距离　　　km	时间	配速

下午训练项目

地点	训练伙伴	跑鞋

下午　　时　分	距离　　　km	时间	配速

力量训练项目

早餐	午餐	晚餐

小成长

小发现

今天训练中的问题和反省及明天的课题

今天在训练以外想到的事情

	年　月　日　星期	天气　　气温　　℃　　风力

上午训练项目		
地点	训练伙伴	跑鞋
上午　　　时　分	距离　　　km	时间	配速

下午训练项目		
地点	训练伙伴	跑鞋
下午　　　时　分	距离　　　km	时间	配速

力量训练项目		
早餐	午餐	晚餐

小成长

小发现

今天训练中的问题和反省及明天的课题

今天在训练以外想到的事情

年　月　日　星期	天气　　气温　　℃　　风力

上午训练项目

地点	训练伙伴	跑鞋

上午　　时　分	距离　　　km	时间	配速

下午训练项目

地点	训练伙伴	跑鞋

下午　　时　分	距离　　　km	时间	配速

力量训练项目

早餐	午餐	晚餐

小成长

小发现

今天训练中的问题和反省及明天的课题

今天在训练以外想到的事情

年　　月　　日　　星期		天气　　气温　　℃　　风力		

上午训练项目		

地点	训练伙伴	跑鞋

上午　　时　　分	距离　　　km	时间	配速

下午训练项目		

地点	训练伙伴	跑鞋

下午　　时　　分	距离　　　km	时间	配速

力量训练项目		

早餐	午餐	晚餐

小成长

小发现

今天训练中的问题和反省及明天的课题

今天在训练以外想到的事情

年　月　日　星期	天气　　气温　℃　风力

上午训练项目

地点	训练伙伴	跑鞋

上午　　时　分	距离　　km	时间	配速

下午训练项目

地点	训练伙伴	跑鞋

下午　　时　分	距离　　km	时间	配速

力量训练项目

早餐	午餐	晚餐

小成长

小发现

今天训练中的问题和反省及明天的课题

今天在训练以外想到的事情

年　月　日　星期	天气　　气温　　℃　　风力		

上午训练项目

地点	训练伙伴	跑鞋

上午 　　时　分	距离 　　　km	时间	配速

下午训练项目

地点	训练伙伴	跑鞋

下午 　　时　分	距离 　　　km	时间	配速

力量训练项目

早餐	午餐	晚餐

小成长

小发现

今天训练中的问题和反省及明天的课题

今天在训练以外想到的事情

	年　月　日　星期	天气　　气温　　℃　风力
上午训练项目		
地点	训练伙伴	跑鞋
上午　　时　分	距离　　　km	时间	配速
下午训练项目		
地点	训练伙伴	跑鞋
下午　　时　分	距离　　　km	时间	配速
力量训练项目		
早餐	午餐	晚餐

小成长

小发现

今天训练中的问题和反省及明天的课题

今天在训练以外想到的事情

	年　月　日　星期	天气　　气温　　℃　　风力
上午训练项目		
地点	训练伙伴	跑鞋
上午　　时　分	距离　　　km	时间	配速
下午训练项目		
地点	训练伙伴	跑鞋
下午　　时　分	距离　　　km	时间	配速
力量训练项目		
早餐	午餐	晚餐

小成长

小发现

今天训练中的问题和反省及明天的课题

今天在训练以外想到的事情

年 月 日 星期	天气 气温 ℃ 风力

上午训练项目

地点	训练伙伴	跑鞋

上午 时 分	距离 km	时间	配速

下午训练项目

地点	训练伙伴	跑鞋

下午 时 分	距离 km	时间	配速

力量训练项目

早餐	午餐	晚餐

小成长

小发现

今天训练中的问题和反省及明天的课题

今天在训练以外想到的事情

年 月 日 星期	天气 气温 ℃ 风力

上午训练项目

地点	训练伙伴	跑鞋

上午　　时　分	距离　　km	时间	配速

下午训练项目

地点	训练伙伴	跑鞋

下午　　时　分	距离　　km	时间	配速

力量训练项目

早餐	午餐	晚餐

小成长

小发现

今天训练中的问题和反省及明天的课题

今天在训练以外想到的事情

	年　月　日　星期	天气　　气温　　℃　风力
上午训练项目		
地点	训练伙伴	跑鞋
上午　　时　分	距离　　　km	时间	配速
下午训练项目		
地点	训练伙伴	跑鞋
下午　　时　分	距离　　　km	时间	配速
力量训练项目		
早餐	午餐	晚餐

小成长

小发现

今天训练中的问题和反省及明天的课题

今天在训练以外想到的事情

年　月　日　星期	天气　　气温　　℃　　风力

上午训练项目		
地点	训练伙伴	跑鞋
上午　　时　分	距离　　　km	时间	配速

下午训练项目		
地点	训练伙伴	跑鞋
下午　　时　分	距离　　　km	时间	配速

| 力量训练项目 |

早餐	午餐	晚餐

小成长

小发现

今天训练中的问题和反省及明天的课题

今天在训练以外想到的事情

	年　月　日　星期	天气　　气温　　℃　　风力
上午训练项目		
地点	训练伙伴	跑鞋
上午　　时　分	距离　　　km	时间	配速
下午训练项目		
地点	训练伙伴	跑鞋
下午　　时　分	距离　　　km	时间	配速
力量训练项目		
早餐	午餐	晚餐

小成长

小发现

今天训练中的问题和反省及明天的课题

今天在训练以外想到的事情

年　月　日　星期	天气　　气温　　℃　　风力

上午训练项目			
地点	训练伙伴		跑鞋
上午　　时　分	距离　　km	时间	配速

下午训练项目			
地点	训练伙伴		跑鞋
下午　　时　分	距离　　km	时间	配速

力量训练项目		
早餐	午餐	晚餐

小成长

小发现

今天训练中的问题和反省及明天的课题

今天在训练以外想到的事情

	年　月　日　星期	天气	气温　　℃　风力

上午训练项目

地点	训练伙伴	跑鞋

上午　　时　分	距离　　km	时间	配速

下午训练项目

地点	训练伙伴	跑鞋

下午　　时　分	距离　　km	时间	配速

力量训练项目

早餐	午餐	晚餐

小成长

小发现

今天训练中的问题和反省及明天的课题

今天在训练以外想到的事情

	年　月　日　星期	天气　　气温　　℃　　风力

上午训练项目		
地点	训练伙伴	跑鞋
上午　　时　分	距离　　km	时间	配速

下午训练项目		
地点	训练伙伴	跑鞋
下午　　时　分	距离　　km	时间	配速

| 力量训练项目 |

早餐	午餐	晚餐

小成长

小发现

今天训练中的问题和反省及明天的课题

今天在训练以外想到的事情

年　月　日　星期		天气　　气温　　℃　　风力		

上午训练项目

地点	训练伙伴	跑鞋

上午　时　分	距离　　km	时间	配速

下午训练项目

地点	训练伙伴	跑鞋

下午　时　分	距离　　km	时间	配速

力量训练项目

早餐	午餐	晚餐

小成长

小发现

今天训练中的问题和反省及明天的课题

今天在训练以外想到的事情

年　月　日　星期		天气　　气温　　℃　　风力		

上午训练项目

地点	训练伙伴	跑鞋

上午 　　时　　分	距离 　　　km	时间	配速

下午训练项目

地点	训练伙伴	跑鞋

下午 　　时　　分	距离 　　　km	时间	配速

力量训练项目

早餐	午餐	晚餐

小成长

小发现

今天训练中的问题和反省及明天的课题

今天在训练以外想到的事情

	年　月　日　星期	天气　　气温　　℃　　风力
上午训练项目		
地点	训练伙伴	跑鞋
上午　　时　分	距离　　　km	时间	配速
下午训练项目		
地点	训练伙伴	跑鞋
下午　　时　分	距离　　　km	时间	配速
力量训练项目		
早餐	午餐	晚餐

小成长

小发现

今天训练中的问题和反省及明天的课题

今天在训练以外想到的事情

年　月　日　星期	天气　　气温　　℃　　风力

上午训练项目		
地点	训练伙伴	跑鞋
上午　　时　分	距离　　km	时间	配速

下午训练项目		
地点	训练伙伴	跑鞋
下午　　时　分	距离　　km	时间	配速

| 力量训练项目 |

早餐	午餐	晚餐

小成长

小发现

今天训练中的问题和反省及明天的课题

今天在训练以外想到的事情

年　月　日　星期	天气　　气温　　℃　风力

上午训练项目

地点	训练伙伴	跑鞋

上午　　时　分	距离　　km	时间	配速

下午训练项目

地点	训练伙伴	跑鞋

下午　　时　分	距离　　km	时间	配速

力量训练项目

早餐	午餐	晚餐

小成长

小发现

今天训练中的问题和反省及明天的课题

今天在训练以外想到的事情

年　月　日　星期	天气　　气温　　℃　　风力		

上午训练项目

地点	训练伙伴	跑鞋

上午　　时　分	距离　　　km	时间	配速

下午训练项目

地点	训练伙伴	跑鞋

下午　　时　分	距离　　　km	时间	配速

力量训练项目

早餐	午餐	晚餐

小成长

小发现

今天训练中的问题和反省及明天的课题

今天在训练以外想到的事情

	年　月　日　星期	天气　　气温　　℃　　风力

上午训练项目

地点	训练伙伴	跑鞋

上午　　时　分	距离　　km	时间	配速

下午训练项目

地点	训练伙伴	跑鞋

下午　　时　分	距离　　km	时间	配速

力量训练项目

早餐	午餐	晚餐

小成长

小发现

今天训练中的问题和反省及明天的课题

今天在训练以外想到的事情

年　月　日　星期	天气　　气温　　℃　　风力

上午训练项目

地点	训练伙伴	跑鞋

上午 　　时　分	距离 　　　km	时间	配速

下午训练项目

地点	训练伙伴	跑鞋

下午 　　时　分	距离 　　　km	时间	配速

力量训练项目

早餐	午餐	晚餐

小成长

小发现

今天训练中的问题和反省及明天的课题

今天在训练以外想到的事情

	年　月　日　星期	天气　　气温　　℃　　风力
上午训练项目		
地点	训练伙伴	跑鞋
上午　　时　分	距离　　km	时间	配速
下午训练项目		
地点	训练伙伴	跑鞋
下午　　时　分	距离　　km	时间	配速
力量训练项目		
早餐	午餐	晚餐

小成长

小发现

今天训练中的问题和反省及明天的课题

今天在训练以外想到的事情

	年　月　日　星期	天气　　气温　　℃　　风力	
上午训练项目			
地点	训练伙伴		跑鞋
上午 　　时　分	距离 　　　km	时间	配速
下午训练项目			
地点	训练伙伴		跑鞋
下午 　　时　分	距离 　　　km	时间	配速
力量训练项目			
早餐	午餐		晚餐

小成长

小发现

今天训练中的问题和反省及明天的课题

今天在训练以外想到的事情

	年　月　日　星期	天气　　气温　　℃　风力
上午训练项目		
地点	训练伙伴	跑鞋
上午　　时　分	距离　　　km	时间	配速
下午训练项目		
地点	训练伙伴	跑鞋
下午　　时　分	距离　　　km	时间	配速
力量训练项目		
早餐	午餐	晚餐

小成长

小发现

今天训练中的问题和反省及明天的课题

今天在训练以外想到的事情

	年　月　日　星期	天气　气温　℃　风力
上午训练项目		
地点	训练伙伴	跑鞋
上午　　时　分	距离　　km	时间	配速
下午训练项目		
地点	训练伙伴	跑鞋
下午　　时　分	距离　　km	时间	配速
力量训练项目		
早餐	午餐	晚餐

小成长

小发现

今天训练中的问题和反省及明天的课题

今天在训练以外想到的事情

年　月　日　星期	天气　　气温　　℃　　风力

上午训练项目

地点	训练伙伴	跑鞋

上午　　时　分	距离　　　km	时间	配速

下午训练项目

地点	训练伙伴	跑鞋

下午　　时　分	距离　　　km	时间	配速

力量训练项目

早餐	午餐	晚餐

小成长

小发现

今天训练中的问题和反省及明天的课题

今天在训练以外想到的事情

	年　月　日　星期	天气	气温　℃　风力
上午训练项目			
地点	训练伙伴		跑鞋
上午 　　时　分	距离 　　　km	时间	配速
下午训练项目			
地点	训练伙伴		跑鞋
下午 　　时　分	距离 　　　km	时间	配速
力量训练项目			
早餐	午餐		晚餐

小成长

小发现

今天训练中的问题和反省及明天的课题

今天在训练以外想到的事情